第一章
入乎其內，超乎其外

人類在相互的交往中尋求安慰、價值和保護。

——佚名

為人處世的練達

我們生活在這個世界上，有太多的東西需要去面對、去追求；有太多的事情需要去選擇、去割捨。為人處世，魚與熊掌可以兼得的例子實在是太少，你在得到一樣東西的同時也會失去另外一些。在得與失當中想要做出正確的選擇，是一件很痛苦的事情。

人生的過程就是一個不斷選擇——不斷「拿起」與「放下」的過程。如果沒有一種豁達的心態，那麼不管多麼幸運的人，他的人生也不會真正完美、快樂。因為即使是出生於帝王之家，或者含著金湯匙出生，也不可能永遠只是獲得，而從不失去。這就需要人們在為人處世的時候，不但要有拿起的勇氣，更要有放下的豁達。

拿起，並不是非要事事精通、無所不能；放下，也並不是憤世嫉俗、遠離紅塵。為人處世當中，做一個拿得起、放得下的人，不僅要能夠入得其內，追求自己想要的生活，更要出得其外，不被一些事情所牽絆。只有做到這一點，你才會成為一個快樂而充滿魅力的人，只有做到這一點，你才會擁有一個成功而幸福的人生。

第*1*節 生命，就是一個得與失的過程

得，何為得，得就是擁有；失，何為失，失就是失去。擁有時，並不代表如意；失去後，保存美好回憶。有得必有失，有失必有得，生命，就是這樣一個得與失的過程。

每個人都要經歷這個過程，得到與失去、成功與失敗總是交錯的出現在我們人生每一個角落。得到的時候，不矯飾；失去的時候，不言敗，不僅要經得起成功的洗禮，更要受得住失敗的考驗。在得失成敗之間，更要有拿得起、放得下的精神。

敗軍之將

美國南北戰爭時期，南軍的主將羅伯特在投降儀式上簽字以後，心情十分沉重。他默默地回到維吉尼亞，避開了所有的公共集會及所有愛戴他的人們。後來，他又默默地接受了政府的邀請，出任華盛頓學院院長一職。

應該說，羅伯特是明智的，他懂得：「將軍的使命不單單在於把年輕人送上戰場賣命，更重要的是教會他們如何去實現人生價值。」看

來，羅柏特是真正弄懂了如何在得與失中實現自己價值的人，這情形恰如愛因斯坦所說的那樣：「一個人真正的價值，首先在於他在多大程度上和什麼意義上從自我中解放出來。」像羅伯特那樣跌倒之後又能理智的看待得與失，這其中的勇氣和坦誠何其令人欽佩！

「莫將戲事擾真情，且可隨緣道我贏」，王安石的這兩句詩，將「戲事」與「真情」區分得十分分明。按照我們的解釋，所謂「戲事」，就是指那些將得與失瞬間決定的事。能做到如此隨和且隨緣地看待人生旅途中的一切利害得失與禍福變故，一個人豈有不會「道我贏」之理？

學習為所失去的感恩，也接納失去的事實，不管人生當中失去了些什麼，失去了多少，總是要讓自己的生命充滿了亮麗與光彩，拿得起又要放得下，不再為失去的感到可惜，不再為過去掉淚，在拿起與放下中反思，相信自己一定能使自己的人生光彩照人。

最後一眼的發現

有一個阿拉伯的富翁，在一次大生意中虧光了所有的錢，並且欠下了很多的債。他賣掉房子、汽車，才還清了債務。此刻，他孤獨一人，無兒無女，窮困潦倒，唯有一隻心愛的獵狗和一本書與他相依為命，相依相隨。

在一個大雪紛飛的夜晚，他來到一座荒僻的村莊，找到一個避風的

茅棚。他看到裡面有一盞油燈，於是用身上僅存的一根火柴點燃了油燈，拿出書來準備讀書。但是一陣風忽然把燈吹熄了，四周立刻漆黑一片。這位孤獨的老人陷入了黑暗之中，對人生感到徹底的絕望，他甚至想到了結束自己的生命。但是，立於身邊的獵狗給了他一絲慰藉，他無奈地嘆了一口氣沉沉睡去。

　　第二天醒來，他忽然發現心愛的獵狗被人殺死在門外。撫摸著這隻相依為命的獵狗，他突然決定要結束自己的生命，世間再沒有什麼值得留戀的了。於是，他最後掃視了一眼周圍的一切。這時，他不由發現整個村莊都沉寂在一片可怕的寂靜之中。他不由得急步向前，太可怕了，屍體，到處是屍體，一片狼籍。顯然，這個村昨夜遭到了匪徒的洗劫，整個村莊一個活口也沒留下來。

　　看到這可怕的場面，老人不由得心念急轉，我是這裡唯一倖存的人，我一定要堅強的活下去。此時，一輪紅日冉冉升起，照得四周一片光亮，老人欣慰地想，我是這裡唯一的倖存者，我沒有理由不珍惜自己。雖然我失去了心愛的獵狗，但是，我得到了生命，這才是人生最寶貴的。老人懷著堅定的信念，迎著燦爛的太陽出發……

　　每個人都會碰到挫折和失敗，在你為失敗而痛苦時，其實，你已經得到人生的經驗。關鍵是你要有所感悟，冷靜而理智的看待得與失，只有放下了失敗、挫折所帶來的痛苦，即　時從陰影中走出來，我們才可

能拿起更多的東西，在失去的同時，必定會有另一種別樣的收穫。人生其實就是一連串的得與失的過程。

最終明白

一個人這一輩子能得到多少東西？托爾斯泰說過這樣的一個故事：

有個人想要土地，農莊主就對他說：「好呀！清早的時候你就往外跑，跑多遠，插支旗幟，只要你在太陽落山前趕回來，你插了旗幟的地方便歸你所有了。」那個人聽完話，從清早開始就拼命地跑，太陽落山前趕了回來。由於他過於疲勞與興奮，一頭栽倒在地，就再也沒起來，人們替他挖了個坑，埋了。

牧師指著那個新墳，對周圍的人說：「一個人要多少土地？就這麼大。」

這個故事不僅僅是在告誡人們在得與失的這個問題上不可過於強求，而且是在啟發我們大家要平心靜氣地去思考一下什麼是得，什麼是失？

想要拿起更多的東西，我們必須要學會適當地放下，如果你什麼都想要得到，最後只會變得一無所有。

林語堂言：「懂得如何享用你所擁有的，並割捨不實際的慾念。」

人們總想多得一些，結果往往不自覺地把自己也失掉了。故事中的

那個人，一心想要得到更多的土地，而不知他所失去的竟是自己最為珍貴的生命。

人生路上很多時候得亦是失，失亦是得，得中有失，失中有得。在得與失之間，我們無須不停地徘徊，更不必苦苦地掙扎，我們應該用一種平常心來看待生活中的得與失，要清楚對自己來說什麼才是最重要的，然後主動放棄那些可有可無、不觸及生命意義的東西，求得生命中最有價值、最純粹的東西。

從某種意義上說，得與失和拿起與放下一樣，是同一事物的兩面。你得到了太陽，就失去了月亮；得到了白天，就失去了黑夜；得到了春天，就失去了冬季；得到了成熟，就失去了天真；得到了繁華，就失去了寧靜；總之，上帝是公平的，祂賜予你一樣東西，肯定會從你身邊拿走另外一樣，只有真正領會到了得與失、拿起與放下的真諦，才可以生活的更加快樂與幸福。

生活中，我們最愚蠢的行為就是太執著於自己的東西，把自己的東西握著不放，不願意放下。結果呢？你握著不放，別人就不會把他的東西和你一起分享。沒有放棄就沒有得到，這是再明白不過的道理。

當你擁有六個蘋果的時候，千萬不要把它們都吃掉，因為你把六個蘋果全都吃掉，你也只吃到了六個蘋果，只吃到了一種味道，那就是蘋果的味道。如果你把六個蘋果中的五個拿出來給別人吃，儘管表面上你失去了五個蘋果，但實際上你卻得到了其他五個人的友情和好感。以後

你還能得到更多，當別人有了別的水果的時候，也一定會和你分享，你會從這個人手裡得到一個橘子，那個人手裡得到一個梨子，最後你可能就得到了六種不同的水果、六種不同的味道、六種不同的顏色、六個人的友誼，這就是放下的藝術。

人一定要學會用你擁有的東西去換取對你來說更加重要和豐富的東西。在人與人之間學會交換和分享，這個收穫將百倍於你一個人把六個蘋果吃掉的收穫，這是因為你放棄了五個蘋果而獲得的，所以，大家想一想，放棄在某種程度上是另一種智慧、是另一種獲得。

那麼，究竟得與失的標準又在什麼地方呢？沒有唯一的選擇，沒有絕對的真理。因貪選利、因慾選榮或因心選德，其實是見仁見智。但是有一句民諺說得好：「別撿了芝麻，丟了西瓜。」這個得與失的標準非常直觀，一個西瓜的價值遠大於芝麻。

然而，事實上得與失的標準有時候是不能量化的，比如說，你撿了一粒芝麻的快感大於撿到一個西瓜，那麼孰得孰失，那就該另當別論了。得與失不是簡單的加、減、乘、除，也有它主觀的標準，所謂「得失寸心知」，大概就是這個意思。所以，人生在世，重要的不是得與失，而是曾經為得到而努力奮鬥過，並享受著這努力奮鬥的過程中的充實和樂趣。

所以，不管是得到還是失去，只有讓自己更快樂，讓自己的人生更有意義，這才是最重要的。

「人遺弓，人得之」，應該是對得失最豁達的看法了。就個人而言，固然有得有失；對於全人類而言，不是也都一樣嗎？這彷彿雲來雲往、雨來雨往，這世上總有晴朗與陰雨的地方；又正如生生死死、死死生生，這世間的一切總是繼往開來，生息不斷。放下了，才可以重新拿起，要相信，一扇門對你關閉的同時，必定有另一扇門向你敞開。

第2節　追求，但不迷戀

聰明和愚笨

　　有一個美國商人坐在墨西哥海邊一個小漁村的碼頭上，看著一個墨西哥漁夫划著一艘小船靠岸。小船上有好幾尾大黃鰭鮪魚，這個美國商人對墨西哥漁夫能抓這麼高檔的魚恭維了一番，還問要多少時間才能抓這麼多？墨西哥漁夫說，才一會兒工夫就抓到了。

　　美國人再問：「你為什麼不待久一點，好多抓一些魚？」

　　墨西哥漁夫覺得不以為然：「這些魚已經足夠我一家人生活所需啦！」

　　美國人又問：「那麼你一天剩下那麼多時間都在做什麼？」

　　墨西哥漁夫解釋：「我呀？我每天睡到自然醒，出海抓幾條魚，回來後跟孩子們玩一玩，再跟老婆睡個午覺，黃昏時晃到村子裡喝點小酒，跟哥兒們玩玩吉他，我的日子可過得充實又忙碌呢！」

　　美國人不以為然，幫他出主意，他說：「我是美國哈佛大學企管碩士，我倒是可以幫你忙！你應該每天多花一些時間去抓魚，到時候你就有錢去買條大一點的船。自然你就可以抓更多魚，再買更多漁船。然後你就可以擁有一個漁船隊。到時候你就不必把魚賣給魚販子，而是直接

賣給加工廠。然後你可以自己開一家罐頭工廠。如此你就可以控制整個
生產、加工處理和行銷。然後，你可以離開這個小漁村，搬到墨西哥
城，再搬到洛杉磯，最後到紐約。在那裡經營你不斷擴充的企業。」

墨西哥漁夫問：「這又需要花多少時間呢？」

美國人回答：「十五到二十年。」

「然後呢？」

美國人大笑著說：「然後你就可以在家當皇帝啦！時機一到，你就
可以宣佈股票上市，把你公司的股份賣給投資大眾。到時候你就發啦！
你可以幾億幾億地賺！」

「然後呢？」

美國人說：「到那個時候你就可以退休啦！你可以搬到海邊的小漁
村去住。每天睡到自然醒，出海隨便抓幾條魚，跟孩子們玩一玩，再
跟老婆睡個午覺，黃昏時，晃到村子裡喝點小酒，跟哥兒們玩玩吉他
囉！」

墨西哥漁夫疑惑的說：「我現在不就是這樣了嗎？」

看了這個故事之後，你是同意墨西哥漁夫的觀點還是更欣賞美國人
的想法呢？我想說的是，因各人對生活要求的不同，各人的生活狀態也
不盡相同。關鍵是看你想要什麼樣的生活。不管怎樣的生活，只要你感
覺舒服就好。

美國人會覺得墨西哥漁夫有那麼好的捕魚技術，不去拓展，多少有些可惜，如果他肯付出多一些的勞動，努力去追求事業上的成功，那麼他將獲得富足的生活；墨西哥漁夫則認為自己何必要花費十五到二十年的時間與精力，最後所得到的生活與自己現在的又有什麼不同？可見，墨西哥漁夫對於美國人描繪的藍圖，沒有絲毫的心動，他並不迷戀那樣的生活，他對自己現在的生活很滿足。

人的一生，無論是艱難，還是快樂，各人選擇了不同的生活方式，用自己的方式去證明自己活著，這就是追求，而並不一定要去迷戀那種富足的生活。

追求，是一種拿得起的熱情與勇氣，比如金錢、榮譽、地位，這些都是我們應該追求的東西，但是如果過於迷戀，就會失去很多生活的樂趣，這樣就得不償失了，這時候，我們需要的是一種放下的恬然。追求，卻不迷戀，是生活中對拿得起、放得下的另一種詮釋。

一個人的人生道路，大都呈波浪起伏、凹凸不平之狀，古人有云：「變故在斯須，百年誰能持。」當一個人集榮耀、富貴於一身時，他是否想到會有高處不勝寒的危機、有長江後浪推前浪的窘迫？那麼，就不要過分貪戀巔峰上的榮耀與風光，趁著巔峰將過而未過之時，從容地撤離高地，或許他地還有另一番風光！

中國奧運會柔道金牌得主秦裕，在連續獲得203場勝利之後卻突然宣佈退休，而那時他才28歲，他的這種決定，引起了很多人的猜測，以

為他是不是出了什麼問題。其實不然,泰裕是明智的,因為他感覺到自己的運動巔峰狀態已是明日黃花,而以往那種求勝的意志也迅速落潮,這才主動宣佈撤退,當了教練。應該說,泰裕的選擇雖然若有所失,甚至有些無奈,然而,從長遠來看,卻也是一種如釋重負、坦然平和的選擇,比起那種硬充好漢者來說,他是英雄,因為他畢竟是消失於人生最高處的階段上,給世人留下的是一段無比輝煌的人生。

有一句老話:「最大的一步是在門外。」可見,這種不迷戀榮譽的追求的後面並非一片空白,也常不乏新的人生機遇。在中國有「體操王子」美譽的李寧,退出體壇後選擇了辦實業的道路,不也取得了令人稱羨的成功嗎?如同一切時髦的東西都會過時一樣,一切的榮耀或巔峰狀態也都會被置於身後或煙消雲散的。因此,做一個明智的人,既然追求得到了那頗具份量的光環,不也同樣應當放棄它、不迷戀它,進而使自己步入柳暗花明的新天地,做出另一種有意義的選擇。

人生長途中,總會遇到某些不得已的情況而不得不放棄的時候。比如,一個人到了年邁體衰時,就有突然遭遇被剝奪輝煌的可能,這當然也是考驗人如何對待「追求」和「放棄」的時候。

美國第一位總統、開國元勳華盛頓連任一屆總統後便堅持不再連任。他離任時,坦然地出席告別宴會,向人們舉杯祝福。次日,他又坦然地參加了新任總統亞當斯的宣誓就職儀式。然後,他揮動著禮帽,回到了家鄉維農山莊。他這追求榮耀但不迷戀的一瞬間,卻給歷史留下了

永恆的光彩。

　　英國著名科學家赫肯黎，因其卓越的貢獻而享有崇高的聲望，然而，到了80歲時，赫肯黎不得不考慮放棄解剖工作時，他毅然辭去了所任的教授、漁業部視察官等職務。最後，他還辭去了一生中最高的榮譽職務——英國皇家學會會長。不難設想，那時赫肯黎的心情何其沉重，他甚至在發表了辭職演說後對友人這樣說：「我剛剛宣讀了我去世的官方訃告。」儘管如此，他畢竟不再迷戀曾經的榮耀了，在沒人強迫的情況下如此「放下」了。

　　事業，是一個人畢生的追求，嚮往事業的成功以及功成名就時的尊貴與威望。人都有渴望追求巔峰的慾望，然而在潛能充分施展，巔峰已經來到之際，做出一個歸隱的抉擇，是需要多大的勇氣以及淡定的人生態度。這不僅需要一個人具備追求榮譽的渴望，還要具備隨時放棄的決心。如果迷戀其中，那麼，下滑趨勢的出現是必然的，你也必將走上品嚐失敗的後果。

　　每個人都渴望拿起的輝煌，但是就算是太陽也有落山的時候，過度的迷戀只會傷害自己。一個職務、一種頭銜，自然意味著一個人在社會上所取得的成就和地位，也是一個人畢生的嚮往與追求，它的意義是不言而喻的。然而，華盛頓和赫肯黎都追求到了自身地位的最高輝煌，但是，他們又都主動放棄了，因為他們都不迷戀虛華的光環，正是這種不迷戀的態度，這種放下的豁達，才讓他們獲得了更多的尊重。

重要的不僅僅是你擁有了什麼，而在於你忍受了什麼。追求之後能以坦然和克制的態度去承受離任或離職的寂寞，只有這樣，才能活出了一份瀟灑與光彩，活出了一種落落大方的風範。

十字路口

一位好友，前些日子來電，說公司想要她去某地區開發新市場，任地區總經理，希望她考慮。她為這件事情煩心，她在公司有很高的職位，希望我能給她意見。我說：「看妳想要什麼樣的生活，最後做決定的是妳自己，靜下心來，好好想想。」

我知道，我提出的意見對她而言，未必有多大的幫助，不過，我明白，其實，她是在猶豫，去開發新市場，職位比現在的要高，但那份辛勞她自己心裡也清楚。去與留，很多時候只是一念之差，我希望她能權衡利弊，做出更好的選擇，能過更好的生活。

一星期之後，她又來電，聲音與之前那次有明顯的差別，她很高興的告訴我，她決定留下來，首先，自己對年齡很敏感，畢竟自己已是近四十的人了，如果她現在三十歲，她會去；其次，對一個女人來講，幸福、和諧的家庭生活很重要，如果她去，意味著她要過與家人聚少離多的日子，孩子還小，即使去了會有更大的發展空間，也實在捨不得離開家人。她告訴我，我的那句「看妳想要什麼樣的生活」，讓她想到了很多，她感覺自己有些老了，精力不比從前，顧慮也更多，所以她選擇留

下。

　　一直以來，她對自己的要求都很高，有些時候近似一種苛刻，也在不斷追求著自己的理想，不管她最後有怎樣的決定，我都支持她，給予她鼓勵。她的決定，看來經過了很深的考慮，人生之路，總有很多事情是我們猶豫不決的，是執著於自己的追求，還是停下腳步看看周圍的景色，凡事量力而行，深思熟慮之後，就開始行動吧！

　　我很欽佩我的這位朋友，在追求的道路上，沒有被遠處的美景所吸引，根據自己的情況，冷靜而理智的分析問題，找到最適合自己的路徑，更好的生活。

　　人生之中，追求是永無止盡的。在追求的道路上，理智、清醒的認識與辨別，同樣也很重要，人生需要熱情，也需要熱情過後的休憩；需要追求，也需要成功之後的淡然，追求但並不迷戀，你就會發現，你的人生會將會過得更加充實；能拿得起也能放得下，你就會發現，你的人生將會過得更加精彩。

第3節 放下，是一種頓悟

東坡先生的感悟

相傳宋朝大文豪蘇東坡，一天和好朋友佛印在揚州城的一家茶館品茗，佛印看著樓下人群熙熙攘攘，感慨地說：「世界上的人就和螻蟻一樣，人生短暫，又何苦終日勞碌？你看他們，整天這樣奔波，最後還不都是化成一坏黃土？」

兩個多愁善感的文人離開茶館，打算到對面的酒樓裡買醉。沒想到卻發現酒店的小夥計坐在那裡，愁眉不展。蘇東坡很是好奇，上去問道：「小哥，發生什麼事情了，怎麼一副難過的樣子？」夥計說：「我拼死拼活地幹了半年，都沒賺到幾個錢，不幹吧，又活不下去，我的命怎麼就這麼苦呢？像你們這些靠動動筆就能養活自己的文人，是不會瞭解我們靠出賣體力來謀生計的人的苦處。」

佛印又心有所感，想起官場的爾虞我詐，想起落魄文人的清苦生活，也不禁悲從中來，嘆息說：「你們出賣體力的人生活艱苦，那些出賣精神的人的苦處卻是你們體會不到的。人生多苦，阿彌陀佛！」

蘇東坡看著一邊為生活所苦的小夥計，一邊為世人擔憂的佛印，笑道：「看你們兩個，好像人生已經了無樂趣了一樣，夥計，給我拿筆墨

來，我送你們一副對聯。」

沒多久，小夥計就拿來了筆墨，蘇東坡揮毫而就：

「為名忙，為利忙，忙裡偷閒，喝杯茶去；勞心苦，勞力苦，苦中尋樂，拿壺酒來！」

對於我們世間的每一個人來說，功名、利祿、榮辱、愛恨、死亡、恐懼、成敗、苦樂、禍福……等等，我們不能否認這些東西存在於自己心中的時候，往往也會成為自己內在的渴望超越自我的一種原動力，但是，人一旦執著於此，往往又會成為自己前進的路上一個沉重的包袱。

人並非獨立的存在，人也並非可以完全超脫世外做一個與世隔絕的「隱者」，每個人都有自己的需要和渴望，也都有自己的擔憂和恐懼，也就是說，舉凡存在於這個世界上的人，都要「為名忙，為利忙」，也都要「勞心苦，勞力苦」。這些都是不可避免的，是生活過程的必然存在，也是生命的組成部分。

這一切，都是我們身為一個人，就一定要「拿得起」的東西，但是正如同蘇東坡和佛印所看到的一樣，「拿起了」，人未必就快樂，也未必就能達到自己想要的目標，這時候，我們需要的是「喝杯茶去」的淡然，需要的是「拿壺酒來」的灑脫，需要的是一種追求一切又能放下一切的豁達。

有時候，放下，是一種頓悟，是一種一切壓力消失後的恬然。放下

不是放棄，而是對心靈的一種放鬆。它往往是獲得成功、拿起更多有用東西的一種動力。

征服的奧秘

對於每一個登山愛好者來說，爬上世界上海拔最高的珠穆朗瑪峰都是一個夢想，從1953年5月29日愛德蒙・希拉里第一次登上珠穆朗瑪峰的頂端以後，人類就一次次把這座看似無法逾越的高峰踩在腳下。但是，因為珠穆朗瑪峰的海拔過高，空氣稀薄，而且環境極端危險、惡劣，每一次登山活動都必須經過嚴密的組織和周全的準備，擁有充足的後勤保障和補給，即便如此，還是有很多人無法到達峰頂。

幾十年來，很多著名的登山運動員和探險家都試圖透過無氧登山的方式爬上珠穆朗瑪峰頂端。但是無數人嘗試了無數次，最終還是都失敗了。最後，一些科學家乾脆得出結論，要想不透過氧氣補給裝置爬上海拔8848公尺的珠穆朗瑪峰是絕對不可能的，上面稀薄的空氣根本不能維持生命的基本需要。

就在登山界宣佈這一消息不久，奧地利人彼得・哈貝爾和他的同伴義大利人賴因霍爾德・梅斯納卻成功地透過無氧登山的方式登上了世界的頂點——珠穆朗瑪峰。

整個登山界震驚了，有人問他們是怎樣才完成這樣幾乎不可能完成的壯舉的。哈貝爾說：「首先你要拿得起，要渴望在不帶氧氣的情況下

成為成功登上珠穆朗瑪峰的第一人，這種熾熱的願望會在登山前準備和訓練的時候一直激發你的鬥志，使你奮進，使你不再畏懼。但是僅僅有這種拿得起的勇氣是不夠的。」

旁人驚訝地問：「為什麼，那你又是如何才能取得成功的？」

哈貝爾微笑著說：「一開始我們也是這樣想的，用盡了一切努力，還是無法登上峰頂，我們也認為自己的體能已經達到極限了，但是一次意外的演講卻讓我們重新找到了希望。從那次演講中，我們知道了大腦是一個重要的耗氧源，各種思想在大腦中相互撞擊時，最多竟要消耗我們吸入全部氧氣的40%。所以，在後來的攀登過程中，為了減少對氧氣的消耗，我只有向前走這一個念頭，至於其他的想法我都把它們統統從腦子裡拋掉，沒有了任何的雜念，我就等於放下了一個背在身上的巨大包袱！輕鬆地向前，這就是我成功的全部秘密。」

取得成功的前提，在於拿起，因為只有拿起了，才有了開始，有了熱情，有了奮鬥的動力。但是有了這一切的同時，也有了負擔，所以最後取得成功的關鍵，卻是放下。因為只有放下了，才能更輕鬆地前進，去取得最後的成功。

拿起是一種積極的生活態度，而放下則是對生活更深層次的理解，是一種頓悟。為人處世也是一樣，要有拿起的熱情，更要有放下的勇氣。

俗話說：「拿得起、放得下。」頗有點辨證意味，對於我們做人來說也是極富於啟迪意義的。所謂「拿得起」指的是人在躊躇滿志時的心態，而「放得下」則是指人在遭受挫折或者遇到困難或者辦事不順暢以及無奈之時應採取的態度。一個人來到世間，總會遇到順逆之境、遷滴之遇、進退之間的各種情形與變故的。歌德說得好：「一個人不能永遠做一個英雄或勝者，但一個人能夠永遠做一個人。」這裡，「做一個英雄或勝者」，指的便是「拿得起」時的狀態；而「做一個人」，便是「放得下」時的狀態了。

我們知道，這個世界上很多人都是聰明的。

他們可能在自己的一生中由於時代的原因只讀了一些能看到的書，做了被規定的事，但他們有非常優秀的素質。比如執著、比如認真、比如善於解決問題、比如一種穩定的心態。這種素質並不會過時，無論放到哪裡都能因時因地發出光彩。

張寶菊的退休生活

中國河南焦作張寶菊老人退休前任中州氧化鋁廠宣傳部長，他們那一代人，按她本人的話講屬於黨把我們放到哪裡就在哪裡踏踏實實幹一輩子，沒有更多的個人想法和奢望。退休後，她到全國各地去旅遊，看到很多老外一個人背一個很大的背包，他們並不會說中文，不過在中國都很自由、很快樂地坐著火車旅遊，感到很羨慕。當時她想為什麼她不

能也像他們一樣，出國去看看？

　　張寶菊當時也有顧慮，畢竟她一句英語都不會說。她去問單位裡會說英語、去過歐洲國家的人，他們告訴她，到了人家那裡，也等於一句話都不會說。她想，既然這樣，那也就沒有什麼好怕的。別人能做到的，她也可以。她跟單位裡在美國的同事進行聯繫，申請簽證。簽證很順利地通過了，就坐上了飛機。她沒有帶太多行李，只帶了300美元。

　　張寶菊踏上了異國土地，先到單位在紐約的辦事處。人家叫她先自己到處逛逛吧！在紐約逛了幾天，帶去的錢花光了。她心想只逛一個城市就回去，可是又不甘心。是借錢還是等家人從國內匯錢？這時，一個想法出現在她的腦子裡：為什麼不想辦法賺些旅費呢？她就動腦筋想怎麼去賺錢。可是她不會說英語，該怎麼辦呢？想來想去想出了一個主意：唐人街做生意的華人很多，張寶菊就到唐人街一家家店舖推薦自己。後來，有一家開餐館的臺灣人願意留她下來照顧小孩。這樣，她就有了第一筆收入。

　　張寶菊在國內是個處級幹部，怎麼甘心給人家做褓母？她覺得當褓母並沒有什麼丟臉的，一個人只有能夠放下一些東西才能得到自己想要的結果，她當時的目的就是儘快賺足旅費，她也很喜歡小孩，感覺很快樂。就這樣，她在唐人街工作了一段時間。後來，她還在管理上給那家餐館提出一些令他們驚喜的建議。他們都很尊重她，她也很快與周圍的華人交上了朋友。

　　張寶菊那種能夠「放下」的想法還影響到了周圍的華人：有一對華人夫妻都是美國知名大學畢業的，可是已經失業很長時間了，就是不肯回國，硬撐著領了一年救濟。她就勸他們不要有什麼想不開的，美國經濟不景氣，失業並不是丟臉的事。早點回去，國內發展空間依然很大。後來，他們終於放棄了美國夢，開開心心的回國了。

　　等到錢賺得差不多了，張寶菊跟餐館的人告別，然後繼續自己的旅遊，她買了地圖，規劃了路線。然後選擇了最便宜的長途汽車，就這樣上了路。她並不怕開口，也不怕人家不明白她的意思。問路，她就拿著地圖比劃；住宿，她依然拿著地圖比劃。點菜的時候，她看別人吃什麼有趣的東西，還是跟服務員比劃依樣來一份。她去看了尼加拉瓜瀑布、黃石公園，還從東海岸橫穿美國大陸去了迪士尼樂園和矽谷。

　　錢用得差不多了，張寶菊就再找到當地城市的唐人街，工作一段，時間，然後再繼續著她的旅程。這樣，從冬天到夏天，從夏天到秋天。從美國東海岸到西部，她的英語依然沒有太大的進步，但並沒有影響到她的旅程。

　　透過張寶菊這次異國之旅不難發現，她的那種能夠「放下」的心態，使她很順利的在異國他鄉進行著一個老人自己的旅遊夢想。那麼，我們為什麼不能讓自己有多一些放下的頓悟呢？

　　每個人身上都有一個可以超越的自己，但是許多人卻停滯不前；每

個人也都有機會創造人生中的傳奇，但許多人卻與之失之交臂。唯有那些可以隨時讓自己「放下」的人，才能夠創造人生中更多不可能的奇蹟。

　　放下，是衡量一個人是否具有人生感悟的重要尺規。范仲淹說：「不以物喜，不以己悲。」只有具備了這樣的心境，才能對大悲大喜、厚名重利看得很輕、很淡，才能使自己活得灑脫。

第4節　消極，不是超脫，而是逃避

　　漫漫人生路，不如意之事，十有八九。遇到困難與挫折，很多人都會感到疲憊倦怠，之前的雄心壯志，一夜之間彷彿如同空氣中五顏六色的肥皂泡沫，破滅消失了一樣。不願去想，更不願去做，周圍之事充耳不聞，以為自己進入另一個境地，這不是超脫，而是逃避。

　　放下是一種緩衝、是一種釋然、是一種豁達，但絕對不是一種消極，放下的目的是為了更多的快樂、更多的精彩，是為了更好的拿起，而不是一種不負責任的逃避。

前思後想

　　有一個酷愛踢足球的高中女生，在一次足球比賽中，不小心把對方的前鋒踢傷了，不過過失不在她身上，而對方要求她賠償500元醫藥費。但她自己沒有那麼多錢，自己的父母也在很遠的城市裡工作，這時她想到了自己的班導師，但班導師又是唯一一個反對她踢足球的人，她擔心班導師搞不清楚到底誰錯誰對，更擔心萬一班導師也讓她賠錢給那個人該怎麼辦？她的心裡充滿了矛盾，想來想去她還是沒有去找班導師，而是選擇了逃避。她蹺課並且離開了學校。

　　這樣的故事在校園中是經常發生的，有些同學遇到類似的問題，不是去想該怎麼解決，而是擔心同學會說自己、父母會說自己、老師會說自己，進而選擇了逃避，心理上承受很大的壓力，開始消極的度日。

　　逃避問題，根本解決不了問題，它只是短暫的離開，只能讓自己的心理背負上更重的包袱，最終還得面對。放下那些表面的、與問題不相關的東西，給自己一個機會，去試一下自己的能力，說不定原本令自己手足無措的問題也就輕而易舉的解決了。

　　我們無權要求外在的事物做出改變，不過，我們可以改變的是我們的心態，有始料不及的事情發生時，我們可以改變我們面對的心態。消極逃避永遠不會獲得昇華與超脫，獲得的只是一次次痛苦的輪迴。換個角度去看待事物，或許就會有「山窮水盡疑無路，柳暗花明又一村」的感覺。

　　放下不是逃避，而是以另外一種方式去面對，是「擇其善者而從之」，而一旦選擇了我們要走的路，就應該勇敢地「拿起」，要有「雖千萬人吾往矣」的決心和氣勢。

　　很多人都曾經聽過一個例子，有家做鞋子的公司，派了兩位推銷員到非洲去做市場調查，看看當地的居民有沒有這方面的需求。不久，這兩個推銷員都將報告呈給總公司。其中一位說：「不行啊，這裡根本就沒有市場，因為這裡的人根本不穿鞋子。」而另一位則說：「太棒了，這裡的市場大得很，因為居民多半還沒有鞋子穿，只要我們能夠刺激他

們的需求並且創造他們的需求，那麼發展的潛力真是無可限量！」可見，同樣一個事實，但有完全不同的見解，消極的人和積極的人，他們的差別基本上就在於面對同樣問題所持態度有截然不同的看法。

一個裝了一半水的瓶子放在兩個人生態度不同的人的面前，同樣看到的是半杯水，消極者認為：「那是半空的。」而積極者則興奮的說：「是半滿的。」消極的人喜歡在雞蛋裡挑骨頭，這裡抱怨，那裡挑剔，而積極的人即使在一攤爛泥巴水中他都還能夠發現到那反思的眼光，因為他心中還有著永恆的希望和堅定的信仰。一位駕駛帆船的老水手，告訴正在接受訓練的學員說：「風，其實無所謂好風和壞風，只是看你如何去利用它而已。」同樣的道理，人的環境和遭遇也無所謂好壞，全看你以如何的態度去面對。

積極者和消極者的分別是這樣的，積極者是答案的一部分，而消極者是問題的一部分，積極者經常想方法利用手中已有的那部分資源來解決問題，而消極者則老是找藉口逃避問題。積極者常說：「我能為你效勞嗎？」消極者卻說：「那不關我的事！」積極者在沙漠中看到綠洲，對於每一個問題都有答案，而消極者即使在綠洲中也會看到沙漠，對於每一個答案也都不會有問題。積極者會想，這件事或許有點困難，不過還是可以完成。消極者則想，這件事雖然有可能完成，但是實在太難啦！

什麼是積極的生活？如何將它化為行動？艾伯特‧巴德曾經指出一

些簡單的方針，大意是這樣的，每當你出門的時候，要抬頭挺胸、充滿活力，讓人們能感染到你的熱忱。碰到朋友一定要面帶微笑、主動問好，並且做好消息的傳播者。不要希望別人瞭解你，你要先去瞭解別人，也不要浪費一分一秒，去想那些不愉快的事或恨你的敵人，清晰地分析你自己的興趣、專長和目標，做事要全力以赴，心中隨時抱著積極、樂觀的思想和態度。因為，思想能成為事實，態度原比事實重要，一切事物都來自信心和希望，只要你真誠的祈求，他們都會隨你的心境而改變的。你心中認為你是什麼樣的人，你就是什麼樣的人。今天能掌握自我的人，明天就會快樂和順心。

往上看！

　　一位年輕的船員，第一次出海在航行的途中，不幸遇到了狂風巨浪，將帆船的桅杆打得快要破裂了。他受命爬上去加以整修，免得造成船隻的翻覆。當他開始往上爬的時候，由於船隻搖動得很厲害，加上高度又高，他又一直往下看，所以有好幾次危險萬分的差點要掉了下來。一位老水手看到這種情況，心裡想，這位年輕人可能無法再支持下去了，因此就對他大聲地喊著：「孩子，往上看，不要往下看！」年輕的船員聽了老水手的話後不再往下看，只往上看，結果原來那種天搖地動的感覺突然恢復了平靜。

在這則故事中我們可以得到一個啟示，那就是，在我們日常生活中可能碰到積極的、令人興奮的事，也可能遇到消極的、令人沮喪的事。這本來就很正常，可是如果我們的目光和想法始終圍繞著那些不如意的事，也就是只能往下看，那麼，我們終究是要摔下去的。因此，如果你要恢復信心，那麼你就必須盡量做到腦海裡想的、眼睛看的，以及口中談的都是一些光明的、積極的以及有建設性的話題，也就是只往上看，這樣的話才有可能。

區別

一家有兩個孩子，一個個性積極，一個做事消極。一天爸爸就把做事消極的孩子房間裡放了一屋的玩具，給積極的孩子房間裡放了一屋的牛糞，消極的孩子就哭著對爸爸說：「爸爸你給我這麼多玩具，叫我怎麼玩啊！」積極的孩子卻高興的在牛糞上邊跳邊說：「爸爸我知道您是愛我的，您一定把最好的玩具放在了牛糞裡，別吵我，我一定能找到。」

態度決定一個人如何看待事情，如何處理事情以及所做事情的結果。有這樣一句話：「開開心心是一天，不開心也是一天，那麼，為什麼不開開心心的度過一天呢？」同樣的道理，人都只有這一生，無論你是樂觀的生活還是消極的生活，都只有這一生，換個角度想，既然都只

有這一輩子，為什麼不積極、樂觀的度過生命中的每一天？出現狀況時，先不要沮喪，冷靜而理智的分析、思考問題，積極、樂觀的面對，沒有什麼是解決不了的。

自圓其夢

　　有位秀才第三次進京趕考，住在一個經常住的店裡。考試前兩天他做了三個夢，第一個夢是夢到自己在牆上種白菜，第二個夢是下雨天，他戴了斗笠還打了傘，第三個夢是夢到跟心愛的表妹脫光了衣服卻背靠背躺在一起，這三個夢似乎有些深意，秀才就趕緊去找算命的解夢。算命的一聽，連拍大腿說：「你還是回家吧！你想想，高牆上種菜不是白費勁嗎？戴斗笠打雨傘不是多此一舉嗎？跟表妹都脫光了躺在一張床上了，卻背靠背，不是沒戲唱了嗎？」秀才一聽，心灰意冷，回店收拾包袱準備回家。店老闆非常奇怪，問：「不是明天要考試嗎？怎麼你今天就回鄉了？」秀才把先前做的夢與算命解夢的那番話都跟店老闆說了，店老闆樂了：「喲，我也會解夢的。我倒覺得，你這次一定要留下來。你想想，牆上種菜不是高種嗎？戴斗笠打傘不是說明你這次有備無患嗎？跟你表妹脫光了背靠背躺在床上，不是說明你翻身的時候就要到了嗎？」秀才一聽，更覺有道理，於是精神振奮地參加考試，結果中了個探花。

　　積極的人，像太陽，照到哪裡哪裡亮；消極的人，像月亮，初一十五不一樣。想法決定我們的生活，有什麼樣的想法，就有什麼樣的未來。

　　「故天將降大任於斯人也，必先苦其心志，勞其筋骨，餓其體膚，空乏其身，行拂亂其所為，所以動心忍性，增益其所不能。」這段話很好的闡釋了歷經磨難而後生的感悟。遇到己所不欲之事，逃避不是明智之舉，應該去想如何解決、如何擺脫困境，在這個過程中，也是一個磨練人意志的過程。即使一時逃避，也終將背負著那個包袱，得不到解決，既然這樣，倒不如一開始的時候就啟動腦筋，想辦法如何更好的將之解決。

　　人生當中，總會遇到大大小小的挑戰與磨難，在它面前，如何看待它、如何面對它，就要看一個人的心態如何。有的人會因此而變得消極、悲觀；有的人則勇敢、理智的面對。消極，永遠都不是解決問題的方法，別以為自己那樣是超脫了，真的嗎？逃避，什麼都解決不了。那麼，還不如樂觀而理智的分析和思考問題，要相信沒有什麼是解決不了的，相信自己可以，相信自己可以做到並且做得很好，這真的很重要。

　　不管是拿起還是放下，不管人生的曲線是如何的蜿蜒曲折，人生都因此而停頓，人生總體的趨勢都是向前的。消極是另外一種「放下」，是一種表面的、不觸及本質的放棄，我們所提倡的是放下負擔、放下顧慮、放下一切對自己有不利影響的東西。而消極則是放下鬥志、放下勇

氣，是懦弱的表現。這時，需要調整自己的心態，從容面對，當你真正
懂得拿起與放下的含意的時候，你的人生才會煥然一新，你才能夠感受
到真正的快樂。

第二章
心底無私天地寬

心底無私天地寬。

——陶鑄

性情淡泊的人更健康

隨著經濟的飛速發展，競爭的加劇，一些人變得冷酷無情、勾心鬥角，一心只向「錢」看。對這些人來說，「無私」兩字在他們的腦海中早就蕩然無存，這種美德對他們來說是個毫無價值的笑話，他們並不明白「無私」能帶給人無比的快樂與幸福！

陶鑄說：「心底無私天地寬。」其「心底」是指心靈深處，而「天地寬」包括生活的天地、精神的天地等。也就是說做到真正的無私，就能做到順利時不沾沾自喜，委屈時不怨天尤人。只有這樣，人才會性情淡泊，也就活得輕鬆、快樂。

「無私」是一種內在境界，也是一種良好品德。在現代社會中我們應該不斷發揚這種精神，從自我做起，去影響他人。無私更是一種拿得起、放得下的生活態度，拿起的是一種責任、一種幸福，放下的卻只是表面的浮華。

第1節 憂慮是生命的隱形殺手

生活中會有很多瑣事令人煩心，這時候，憂慮就像化學劑一樣在人們的心中產生，揮之不去。有些人會進而沉溺其中，如同深陷淤泥之中，難以自拔。憂慮會消耗精力，扭曲思路，阻礙事情的有序發展，更會挫傷人的意志，所以說，憂慮是生命的隱形殺手。

但是憂慮也是生活的一部分，沒有人能完全擺脫憂慮，憂慮累積過多，人的壓力過大，就會影響健康，甚至將一個強壯的人壓垮。我們想要健康、快樂的生活，就必須學會把這些憂慮放下。

生死攸關的木屑

有位基督教的木匠，受到國王故意刁難，限他第二天交出十一萬一千一百一十一磅細木屑，否則就要受死刑。朋友勸他專心仰賴天主，求天主拯救，大家為他祈禱。木匠回到家中，看見妻子、兒女都為這件事哭得很傷心，他就把朋友的勸告轉來勸他的妻兒，並且闔家跪下不住地祈禱。一會兒天已破曉，全家大小都沉默下來，等候命運的決定。

忽然有人來敲門，木匠對家人說：「現在大概就是要來抓我去受刑了。」一面說一面去開門。門一打開，皇家侍衛神情沮喪的對木匠說：

「木匠，國王昨晚駕崩了，你來幫他做一口棺材吧！」

這只是一則簡短的故事，木匠為國王刁難他而憂慮了一整天，家人、朋友都為他擔心、憂愁。這時，發生了戲劇性的轉變，國王駕崩了，木匠所遇到的問題也就迎刃而解。所以，凡事要為明天考慮，而不要為明天憂慮，「兵來將擋，水來土掩」，總有解決之道。

事情都有其兩面性，憂慮也是如此。有些人會因憂慮而不可自拔，神情抑鬱、毫無鬥志；有些人則不然，他們能夠藉助憂慮來進行思考，理智而冷靜的分析原因所在。憂慮其實是思考的一種方式，許多成功的人能夠取得成功，就是因為他們懂得利用憂慮進行常人所不能夠的思考。藉著憂慮，預測所有可能發生的意外，才能夠防範於未然，不過，要做到這樣，你必須首先是個聰明的憂慮者。

英特爾總裁葛洛夫就是一個聰明的煩惱者，他的經營理念，就是不要逃避憂慮、煩惱，擁抱它、解析它並從中獲取新的資訊，能夠以積極的心態去面對負面的影響，這樣就可以發現許多之前被忽視的問題，及早發現，即時糾正。防微杜漸，就是這個道理。

勤思熟慮

有個保險營業員一直在為滑落的業績煩惱不已。他感覺到挫折，開始輕視自己的工作，甚至想要放棄。有一天早晨，他坐下來，開始認真

思考自己到底在憂慮什麼。

　　他先問自己，到底出現了什麼問題？他發現自己煩惱的問題是，他勤於拜訪客戶，跟他們談得也都很愉快，可是總是無法完成簽約。於是他又得花很多時間再去拜訪。

　　接著，他又問自己，完成不了簽約的癥結究竟在哪裡？為了研究這個問題，他把過去一年的紀錄拿出來研究，結果發現了一個驚人的事實，紀錄顯示，70%的業績是在第一次拜訪時談成的。而23%是在第二次拜訪時成交的。而他卻花了許多時間在第三、四、五次的拜訪，結果只有7%的業績，卻花上了一半的工作時間。

　　最後，他再問自己，那麼，解決問題的方法是什麼？根據上一個問題的事實分析，他立即決定停止做兩次以上的拜訪，用這些時間去開發新客戶。很快的，他的業績提升了一倍。

　　只有那些懂得煩惱的人，才能減少煩惱，並且從憂慮當中走出來。當煩惱無法消除，憂慮進一步瀰漫的時候，記住這樣一句話：「快樂之道僅此一途，就是不要去煩惱那些無法掌握的事。」

　　有一種說法——憂慮就是動力。憂慮可以導致積極的行動，可以激發進一步有效的回應，而使人們做得更好。面對憂慮，如果你足夠強壯，就拿起它。如果你不堪重負，就決然地放下它。

　　有些時候，人們所憂慮的事物，如果能夠從另外一個視角去觀摩，

先前所有的擔心、煩惱都隨將之消失，所憂慮、煩悶的事物將會轉變成一種收穫、一個好心情、一種全新的感受。

給大家講一個關於兔子的故事。

快樂的瑞奇

這是瑞奇，有兩隻長耳朵，愛吃紅蘿蔔，喜歡吊帶褲，鼻子紅通通，就跟所有的小兔子一樣。可是……全世界只有牠的影子跟牠一模一樣！因為牠有一隻耳朵垂下來！

每一隻「正常」的小兔子都嘲笑牠，叫牠「耷拉耳朵的瑞奇」！

瑞奇很生氣，「哼！我才不是耷拉耳朵！」瑞奇決定要治好自己的垂耳朵。

一開始，牠學蝙蝠倒吊在樹上。瑞奇開心的叫：「我的耳朵正常了！」可是……難道要這樣永遠倒吊著嗎？有了！戴上帽子把耳朵藏起來，別人不就什麼都看不到了？可是，大家看到牠的花帽子，還是照樣笑個不停。怎麼辦？既然藏不住，瑞奇決定用紅蘿蔔把垂耳朵撐起來。這一回，其他的兔子會先問牠：「我可以吃你的耳朵嗎？」紅蘿蔔放在前面會被笑，那……這次就把樹枝綁在後面吧！

結果大家笑得更大聲了！裝病吧！生病的人，一定不會被笑。不然，借用爸爸的釣魚竿和媽媽的曬衣夾如何？有了！把氣球綁在垂耳朵上，讓垂耳朵隨著氣球飄起來，輕鬆又簡單，這個主意不錯！

　　但是，不管瑞奇怎麼試，大家還是會笑牠，甚至笑到趴在地上打滾。瑞奇生氣的跑到森林裡大喊：「我不是奇拉耳朵！你們這些討厭鬼！」瑞奇傷心的哭了，牠不懂，為什麼大家要笑牠？

　　瑞奇的爸爸、媽媽只好帶牠去看醫生。醫生叔叔仔仔細細的檢查了瑞奇的耳朵，可是瑞奇的垂耳朵並沒有問題呀！醫生叔叔說：「很好呀！你有一對很特別的耳朵！」

　　瑞奇的耳朵是健康的，牠開始覺得自己的垂耳朵好特別，就像媽媽的美麗耳朵、爸爸的強壯耳朵、爺爺的聰明耳朵、奶奶的慈祥耳朵……

　　想著、想著，瑞奇不由得露出了笑容。

　　瑞奇現在似乎對牠的垂耳朵感到驕傲！牠每天都笑瞇瞇的。「嗨！瑞奇，你為什麼變得這麼快樂？」兔子們都很好奇，為什麼瑞奇不再想一些怪招對付牠的垂耳朵？

　　瑞奇要所有的兔子們帶兩條紅蘿蔔，來交換牠的快樂祕密！

　　牠要每一隻兔子在耳朵上，都掛上一支紅蘿蔔！哈哈哈！一大群垂耳朵的兔子！

　　而瑞奇的快樂祕密是什麼呢？就是牠身邊一大桶的紅蘿蔔！

　　看到這個故事，你是否被逗樂了？笑過之後，你又在想些什麼呢？是否很多憂慮、煩惱都如同瑞奇的垂耳朵一樣，實際上，根本就沒有想像的那麼糟糕呢！只不過我們就像瑞奇那樣端著自己的架子，如同走進

死胡同一樣，拼命的轉圈，可是怎麼都走不出來。如果可以輕鬆的把憂慮和煩惱放下，眼前就會豁然開朗，拿起與放下是一種豁達的生活態度。

憂慮是人生命中的隱形殺手，我們不得不重視它。當你感覺自己處於憂慮中時，如何放下這種不好的情緒呢？

可以試著按照下面的方式來調整一下自己的心緒：

一、參加運動，因為運動可以刺激腦垂體，使人的心情變好。

二、盡量表現出開心的樣子。深吸一口氣，假裝高興，這樣你可以感覺到自己的胸口鬆開，然後把眉毛揚一揚，高興的振作起來。一旦你經常這樣做，行為就會隨之影響到你的情緒，你就會真的變得快樂起來。

三、就是笑。因為笑的時候通常都會深呼吸，也會刺激身體產生令人舒服、愉快的分泌物。

人生的比喻

二次大戰時，有位焦慮過度而病重的士兵向醫生求助，醫生瞭解他的情況之後，對他說：「我要你把人生想成一個沙漏，上面雖然堆滿了成千上萬的沙粒，它們只能一粒、一粒，緩慢、平均地通過瓶頸，我們都沒有辦法讓一粒以上的沙粒通過瓶頸，我們每一個人都是沙漏。每天早晨，我們都有一大堆該辦的事，如果我們不是一件一件慢慢處理，像

一粒、一粒沙粒通過漏頸，我們可能都會對自己的生理或心理系統造成傷害。」

這個沙漏的比喻，點醒了這名焦慮的士兵，不但治好他的病，戰後他也依照這個思考方式紓解生活中的壓力。

在聖經裡，有這樣一句話：「不要為明天憂慮，因為明天自有明天的憂慮，一天的難處一天擔就好了。」《紐約時報》出版人索茲博格，在二次大戰時，也曾受到類似的啟發，那時他經常失眠，常半夜起來拿著畫布與顏料，對著鏡子畫自畫像，雖然他完全不會畫畫，仍以此消除憂慮，但是憂愁、煩惱依舊，直到有一天，他看到聖經讚美詩的一段，「懇請慈光引我前行，照亮我的步履；不求看清遠方，但求一步之明。」這才使他的憂慮得到緩解，並逐步消除。

松下的苦樂觀

松下幸之助樂觀的思考模式，也成為他面對憂慮的最大力量。他在《松下靜思錄》裡提到，「有人常常對我說，『你吃過不少苦頭吧！』然而，我從來也沒因此而憂慮過，也沒有感覺到真正吃過什麼苦頭。因為從九歲到大阪當學徒至今，我一直保持著積極、樂觀的心態去工作。在大阪碼頭當學徒時，寒冷的早上，手幾近凍僵，仍要用冷水擦洗門窗，或是做錯事挨老闆打罵，有時簡直吃不消。但隨即回心轉意一

想，『吃苦就是為了自己的將來』之後，憂慮與痛苦反而變為喜悅了。」

松下幸之助從學徒時就養成了樂觀的想法，這也給了他後來很多正面的影響，例如經濟不景氣時，他不會憂愁、嘆氣，反而積極地認為，不景氣正是改善企業體質的好機會。這樣的看法和想法，不但有助於克服困難和苦惱，而且能豐富人的內心，使人每日都過著積極的生活。

人的一生中時時刻刻都會遇到令你感覺憂慮的事情，它不但會使你躕躇不前，而且還會影響到你身體的健康，成為你生命的隱形殺手。因此，當憂慮產生的時候，我們必須正確的看待它：首先，要明白其實真的沒什麼大不了的。其次，調整自己，想想究竟如何才能很好的解決。接著，就可以找到你想要的答案。如果你這樣做了，必定會有種成就感伴隨著你；如果你這樣做了，你就會明白拿起與放下其實真的很簡單。想讓自己的生活快樂嗎？那麼，就這樣做吧！

第2節 奉獻是一種快樂

　　當你在公車上給年邁者和孩童讓出座位時，他們會對你說謝謝，你是否感到快樂；當你攙扶著盲人過馬路時，他安全的通過擁擠的人行道，你是否感到快樂；當你看到丟棄路邊的易開罐，隨手放在垃圾桶裡時，你是否感到快樂……這樣的事情其實都是一種奉獻，奉獻就是一種快樂。

　　在這個物慾橫流的年代，每個人都在拼命地往自己的懷裡撈取利益，卻有很多人怎麼也感覺不到生活的樂趣。其實他們不快樂的原因不是因為他們獲得太少，而是因為他們放不下自私的心理，他們總是在不斷的獲取，而沒有去奉獻自己。當你去奉獻了，哪怕只有那麼一點點，你自身的價值得到實現的時候，你會感覺到快樂與幸福。

　　很多人，他們自願幫助他人，他們不求回報，更多時候，他們自己掏腰包幫助那些需要幫助的人，他們默默奉獻著，他們有一個共同名字——義工。

成就愛心

　　郭連榮被稱為「大連義工第一人」。從2002年加入義工行列以來，

郭連榮就開始了她人生一個奉獻的事業。為了這個事業，她自掏腰包數萬元，承包5畝地，建立愛心果園，多次帶啓智學校的孩子及其他受助者來果園採摘果實；她胃病很嚴重，卻堅持不懈，多次累倒在做義工的路上。

「郭大姐愛心之家」的義工們在2年多來長期幫助了30多個家庭和個人。不依靠政府而憑藉個人力量，郭大姐組織了部分社會資源來從事公益事業，並試圖把這一事業產業化，這不能不說是一項非常有益而且「前衛」的嘗試。郭連榮在她做義工的一千多個日日夜夜裡，看到她幫助過的人生活得到了改善，她自己很有成就感。

奉獻著的人是快樂的，並且還可以把這種快樂傳遞給更多的人。把自己的所得放下一點，奉獻給他人，那麼，原本只是你一個人擁有的東西，就會有人與你分享，而你呢？你在放下的同時收穫的是他人的快樂，你也就會感覺到快樂。

下面講一個關於石橋的小故事：

雨過天晴。晴朗的天空中，掛起了一道漂亮的彩虹。

彩虹看到一座弧形的石橋，便對石橋說：「我的大地上的姐妹，妳的生命比我長久。」

石橋回答：「妳那麼美，在人們的記憶中一定是永恆的。」

彩虹猶如曇花一現，石橋的生命相對來說長久得多。石橋也沒有彩虹絢麗，不過，石橋雖然不怎麼好看，但它長年紮根於河的兩岸，默默地承受著車來人往，這就是它生命的價值；彩虹的存在，儘管只是雨過天晴的瞬間，但是它的美麗卻讓人留下永恆的記憶，這同樣是生命的價值。彩虹放下了的永恆，石橋放下了承受，但是它們卻都拿起了它們想得到的東西。

生活中，有很多人正像石橋那樣，長期的默默的奉獻著自己的生命。

生活因奉獻而快樂，生命因奉獻而燦爛。

奉獻是一種自我犧牲行為。它是為了實現某一事業或理想，不顧個人得失，拋棄自己的一切利益，甚至犧牲生命的行為。不同時期，它有不同的內容和表現形式。但就其核心而言，處理的是個人與社會的關係問題。

一方面，從個人角度來講，透過奉獻行為，個人價值得以體現；另一方面，就社會而言，個人的奉獻行為滿足了一定的社會需要，並得到社會的承認。

人的價值，就是指人對自己、他人乃至社會需要的滿足；人的價值包含兩個方面，其一是社會價值，其二是人的自我價值。具體地說，就是人透過自身的實踐活動，充分發揮其體力和智力的潛能，不斷創造出

物質財富和精神財富，在滿足自身需要的同時，滿足他人和社會的需要。簡而言之，人的價值的實質在於其對社會的貢獻。

叢飛的故事

叢飛這個名字，人們必定不陌生，甚至會很熟悉。他一直在默默奉獻著，默默幫助了很多失學孩子。

「我叫叢飛，來自深圳，義工編碼2478……」他是深圳首批「義工」，8年間，「義演」了300多場，義務服務時間超過3600多個小時。叢飛有眾多的「兒女」，近10年來，他無數次走進貧困地區的孩子們中間。

36歲的叢飛是名歌手。1996年底，深圳市義務工作者聯合會邀請叢飛參加「幫困助弱」巡迴演出，他第一次知道了幫困助弱的義工，也加入了深圳首批義工的行列。不久，義工聯成立藝術團，在舞臺已經小有名氣的叢飛就出任團長。不過，他沒有級別、沒有工資，他還是一個歌手。

1999年夏，共青團深圳市委和市義工聯到貴州慰問幫貧支教的志願者，正在上海進行商業演出的叢飛接到義工聯的電話，立即自己掏錢賠了違約金，買機票趕去參加義演；SARS期間，叢飛自費到北京義演，慰問小湯山等21家醫院的醫護人員；2002年，叢飛為公民道德宣傳義演了48場。東南亞海嘯賑災6場義演，是他被確診為胃癌、住進醫院前的最

後演出。

在「義演」舞臺上，歌手叢飛不僅唱而且捐。

參加貴州義演，他捐出了1.6萬元，最後借錢買機票返回深圳；1998年，叢飛舉辦了7場「幫困助弱獻愛心文藝晚會」，15.6萬元門票收入全都捐給了深圳市青少年事業發展基金會；聽説義工聯為洪澇災區舉行「奉獻愛心、情繫災區」義演，正在長沙演出的叢飛立即推掉商業演出，趕回深圳將在湖南演出的全部收入2萬元捐給了災區，還拿出10萬元在湖南貧困山區建立了「叢飛助學基金」；去年夏天，在貴州抱病「義演」的叢飛，將3萬多元勞務收入和價值5萬多元的衣物，全部捐給織金縣「希望工程」。

有170多名貧困孩子叫他「爸爸」；他僅在貴州山區就捐助了100多名貧困、失學的山區孩子。

歌手叢飛「捐」得最多的，是為失學的孩子。在這樣默默奉獻的過程中，叢飛感覺到快樂，他覺得可以讓很多失學孩子重返校園，孩子的前途就有保障，他把這樣的奉獻當作是一件幸福而快樂的事業。

10年間，他「幫困助弱」，捐款累計達300多萬元；在被確診為胃癌後，竟無錢支付住院費。

生病以後，叢飛的病床前每天都有大批的探視者，每天都有不斷的慰問電話，每天都要收到「回報好人」的捐款。他們其中的很多人，都沒有留下自己的姓名，他們認為，與叢飛相比，自己做得很少，也很微

不足道，他們只希望叢飛能恢復健康。

為感謝人們的關懷，叢飛趕製了一張《叢飛願你幸福》的紀念版CD，收錄了16首歌曲。在包裝盒封面，他寫道：也許我將遠離我摯愛的舞臺，但我還是把我心中最美好的歌獻給關愛我的朋友們。

叢飛在病床上召開了家庭會，向家人提出兩個願望：身後捐獻眼角膜、有用器官造福他人，並將遺體捐獻醫院做醫學研究；拒絕接受住宅局送他居住的一套四房兩廳的住宅，他說：「只能向社會奉獻、不能向社會伸手。」

從叢飛病重住院，職業保險人林燕變成了叢飛的「電話經紀人」。兩個多月來，她接到打給叢飛的電話超過3000通，用於記錄來電的筆記本已經寫滿了10大本。

在這些不斷的來電中，林燕最大的體會就是：叢飛的「愛」感動了深圳人，深圳人的「愛」溫暖了歌手叢飛。

在「義演」舞臺，他是「歌手叢飛」；在178個孩子嘴中，他是「爸爸叢飛」；在深愛他的妻子心中，他是「男人叢飛」；在許多人眼裡，他是「好人叢飛」。叢飛說，他是歌手，是「義工」……他在唱著愛之歌。

很多人不理解叢飛的這種行為，更有甚者，說他是傻子、瘋子、神經病，但叢飛自己對於這樣的說法，就很拿得起、放得下，他沒有去辯解，他還是在奉獻著自己，他在用自己的行動回答。當他得知他資助的

孩子考上了大學的時候，他感到莫大的快樂與幸福。

　　奉獻是無私的給予，是愛心的光芒，是人生最大的幸福。追求奉獻還是索取，是人生價值高低的試金石。從范仲淹的「先天下之憂而憂，後天下之樂而樂」到魯迅的「吃的是草，擠出來的是牛奶」，再到叢飛的「開始了，就停不下來了」，我們不難體會到，奉獻是一種境界。

　　「春蠶到死絲方盡，蠟炬成灰淚始乾」的教師，工作到深夜、節假日不休息、為了工作不惜犧牲家庭、耽誤自己的青春、帶病堅持工作，南京年僅24歲的女教師楊慧香消玉殞，突然永遠地倒在了講臺上就是最好的例證。尤其是在抗擊SARS這一場沒有硝煙的戰爭中，不少個人、企業慷慨解囊，奉獻愛心；可親可敬的白衣天使，她們爭上「前線」，用自己的生命保衛患者的健康，和病毒抗爭，她們沒有閃耀的光環，沒有誘人的報酬，沒有高額的回報，是什麼力量使她們把一切奉獻給了她們忠誠的事業？什麼樣的思想決定什麼樣的行動。他們的思想達到了一種境界——讓更多的人平安、讓祖國平安，在這樣奉獻自己的過程中，她們感覺到的是快樂與幸福。

　　德國著名詩人歌德曾說過：「你若要喜愛自己的價值，你就得給世界創造價值。」愛因斯坦也曾經這樣說過：「人只有貢獻於社會，才能找出那實際工作上短暫而有風險的生命意義。」

個人對社會的奉獻行為一方面反映了其社會價值的大小，另一方面也體現了其自身價值的高低，對社會有所奉獻，自己價值才得以實現，當一個人的自身價值得到實現的時候，這個人就會感到幸福與快樂。

讓我們都把「奉獻」移植到我們的思想深處。如果這樣，我們的奉獻就會匯集成一條大河，蕩滌一切的苦難；我們的奉獻就會鑄成堅固的長城，擋住襲向我們的一切。記得古人曾經說過，「己欲立而立人，己欲達而達人；己所不欲，勿施與人。」這不是對奉獻精神的最佳表述嗎？這種己欲立而立人的精神不正是我們所要追求的奉獻嗎？

奉獻是一種可敬的放下，更是一種珍貴的拿起，是一種超越了物質的真正幸福。

第3節 滿足不是更多的獲得，而是一種簡單的生活態度

電影《孔雀》上映之後，掀起了不小的轟動。電影色彩處理上的唯美這裡就不多說了，電影展現出了六、七〇年代一個普通家庭三個兒女的人生。在三個兒女當中，一個傻哥哥的出現，給整個故事增添了不少笑料。不過，他也是三人當中最幸福的。他的幸福源於他的傻，正因為他傻，他的生活很簡單，他對於生活的現狀很滿足。滿足不是更多的獲得，而是一種簡單的生活態度。

人生本來就是豐富多彩的，不但有鮮花，也有荊棘；不但有歡聲笑語，也有哀聲嘆氣。愛情也好，事業也好，有成功也有失敗。在人生的旅途中，總會遇到不順心的事，這時有知足常樂的想法，適當調整一下心態，靜下心來想一想，不是更好嗎？

經常感到滿足的人就是幸福的人。有這樣一句話，「知足者方可常樂」，這句話非常富有哲理的。如果每天心態都不好，老是覺得不滿足，一輩子一晃就過去了。知足是一種生活態度，一種很簡單的生活態度。人生就是不斷地拿起，不停的收穫，這種收穫是一種必然，但是真正的快樂不僅僅在於獲得的時候的幸福感，更在於對未獲得事物的放

下，也就是我們所說的知足者常樂。

足夠的富有

　　有一位在某醫院當義工的女大學生，有一天她帶了故事書和玩具，專程到兒童病房去給小朋友講故事。有個半身癱瘓的小女孩對她說想聽「機器貓叮噹」的故事。

　　可是，這位女大學生沒有這本故事書，也不知道這樣的故事，於是就自己編了一個「機器貓叮噹」。當小女孩聽她講到叮噹有個無所不能的口袋後，突然好奇地想看看大學生口袋裡的東西。

　　女大學生就把口袋裡的東西全部掏了出來，當掏到最後一個口袋時，只掏出了兩張5元的鈔票。她有些不好意思地說：「我的口袋裡沒有多少錢。」

　　小女孩卻仰起頭，閃著一雙漂亮的大眼睛說：「姐姐，妳的口袋雖然沒多少錢，但是妳有一雙會走路的腳。妳是比我更富有的人呀！」

　　聽了小女孩的話，女大學生愣了一下，因為她從來沒有想過擁有健全的四肢有什麼特別的。此時，她才感到自己能自由自在走路的確是幸福的。接著，她又對小女孩說：「妳說得對，我真的是很富有。其實妳也很富有啊，因為妳有一雙美麗、明亮的大眼睛，還有健全的雙手。」

　　小女孩高興地笑了：「是呀！我只注意到自己無法行走，卻忘記了我有一雙美麗的眼睛，還有一雙靈巧的雙手。」

　　一個滿足的人必定快樂，必定能夠笑對人生的成敗得失，而不會只認同最終的勝負結果，也不會把自己的成功建立在別人的失敗之上。他們深信，自己所擁有的東西都是彌足珍貴的，也是值得擁有的。這是一種簡單的生活態度，它更代表了一個人知足的心態，也只有拿得起、放得下，才可以感受到生活所帶來的快樂與幸福。

　　人生百年，不如意事常八九。所謂「人比人氣死人」，涉及到名譽、地位、錢財……人與人之間實在沒有多大的可比性。這倒不是說自己一定比別人差多少，而是機會這東西總是偏心。有的人官運亨通、財源滾滾、美人簇擁、寶馬香車，諸多好事得來全不費工夫；輪到自己就不同了，千辛萬苦，百般努力，可是「好事」總和你「捉迷藏」，可望而不可及。每當此時怎麼辦？怨天尤人？沒用；抱怨命運不公，也無濟於事，於事無補；撒野罵街？也只能是丟人現眼。最好的辦法，還是有一點「阿Q精神」，且把沒有吃到的葡萄解讀成是酸的，不吃也罷。

　　有人說，這個世界上沒有完全快樂的人，但是如果你拿起能讓你快樂、滿足的事情，放下那些不快樂的事情，那麼世界上任何一個人都可以成為最快樂的人。

　　有一個小孩，大家都說他傻，因為如果有人同時給他5毛和1元的硬幣，他總是選擇5毛，而不要1元。有個人不相信，就拿出兩個硬幣，一個1元，一個5毛，叫那個小孩任選其中一個，結果那個小孩真的挑了5

毛的硬幣。那個人覺得非常奇怪，便問那個孩子：「難道你不會分辨硬幣的幣值嗎？」孩子小聲說：「如果我選擇了1元，下次你就不會跟我玩這種遊戲了！」

這就是那個小孩的聰明之處。

的確，如果他選擇了1元，就沒有人願意繼續跟他玩下去了，而他得到的，也只有1元！但他拿5毛錢，把自己裝成傻子，於是傻子當得越久，他就拿得越多，最終他得到的，將是1元的若干倍！

因此，在現實生活中，我們不妨向那「傻小孩」看齊——不要1塊錢，而取5毛錢！

而更多的人在社會上，卻常有一種不拿白不拿、不吃白不吃的貪婪！殊不知你的貪不僅損害了他人的利益，還會使他人對你的貪婪反感。或許他人可以容忍你的行為，不在乎你的貪，但如果你懂得適可而止，他會對你有更好的印象與評價，因此願意延續和你的關係。

可嘆的是，現代社會充斥著下列現象：人際關係一次用完，做生意一次賺足！以為自己這樣做是聰明，殊不知這都是在斷自己的路！我不希望你有這種聰明，而希望你能一直擁有那個小孩一樣的「傻」，因為這會讓你得到更多回報。

10個5毛錢多，還是一個1塊錢多？自己算算吧！

慾望的永不滿足不停地誘惑著人們追求物慾的最高享受，然而過度

地追逐利益往往會使人迷失生活的方向，因此，凡事適可而止，對於自己所擁有的感到滿足，知足常樂，才能把握好自己的人生方向。

人們總是在不停的索取，永遠也不知道滿足，這種只知道「拿」不知道「放」的人生態度早晚會害了自己，而且不管你得到多少，永遠也不會滿足，也就永遠不會快樂。

捨大取小

幾個人在岸邊垂釣，旁邊幾名遊客在欣賞海景。只見一名垂釣者竿子一揚，釣上了一條大魚，足足有一尺多長，落在岸上後，仍騰跳不止。可是釣者卻用腳踩著大魚，解下魚嘴內的釣　，順手將魚丟進海裡。圍觀的人發出一片驚呼，這麼大的魚還不能令他滿意，可見垂釣者雄心之大。就在眾人屏息以待之際，釣者魚竿又是一揚，這次釣到的還是一條一尺長的魚，釣者仍是不看一眼，順手扔進海裡。第三次，釣者的釣竿再次揚起，只見釣線末端　著一條不過幾寸長的小魚。眾人以為這條魚也肯定會被放回，不料釣者卻將魚解下，小心地放回自己的魚簍中。眾人百思不得其解，就問釣者為何捨大而取小。釣者回答說：「哦，因為我家裡最大的盤子只不過有一尺長，太大的魚釣回去，盤子也裝不下。」

正因為釣魚者「拿」小「放」大，正因為釣魚者知足，他才生活很快樂。在經濟發達的今天，像釣魚者這樣捨大取小的人是越來越少，反

而是捨小取大的人越來越多。

　　貪心圖發財，短命多禍災。心地善良、胸襟開闊等良好的品行，才是健康長壽之本。貪圖小便宜，終究是要吃大虧的。

貪婪累死人

　　法國人從莫斯科撤走後，一位農夫和一位商人在街上尋找財物。他們發現了一大堆未被燒焦的羊毛，兩個人就各分了一半捆在自己的背上。歸途中，他們又發現了一些布匹，農夫將身上沉重的羊毛扔掉，選些自己扛得動的較好的布匹；貪婪的商人將農夫所丟下的羊毛和剩餘的布匹統統撿起來，重負讓他氣喘吁吁、行動緩慢。走了不遠，他們又發現了一些銀質的食具，農夫將布匹扔掉，撿了些較好的銀器背上，商人卻因沉重的羊毛和布匹壓得他無法彎腰而作罷。突降大雨，飢寒交迫的商人身上的羊毛和布匹被雨水淋濕了，他踉蹌著摔倒在泥濘當中；而農夫卻一身輕鬆地回家了。他變賣了銀食具，生活富足起來。

　　大千世界，萬種誘惑，什麼都想要，會累死你，該放下就放下，你會輕鬆、快樂一生。

　　不懂得放下的人多是因為貪婪，人因貪婪常常會變傻，什麼蠢事也做得出來。所以任何時候都要有自己的主見和辨別是非的能力，不要被假象所迷惑。貪婪的人往往很容易被事物的表象迷惑，甚至難以自拔，事過境遷，後悔晚矣！

　　貪婪是一種頑疾，人們極易成為它的奴隸，變得越來越貪婪。人的慾念無止境，當得到不少的時候，仍指望得到更多。一個貪求厚利、永不知足的人，等於是在愚弄自己。貪婪是一切罪惡之源。貪婪能令人忘卻一切，甚至自己的人格。貪婪令人喪失理智，做出愚昧不堪行為。因此，我們真正應當採取的態度是：遠離貪婪，適可而止，知足者常樂。

　　滿足於現狀，對個人來說，並不一定就是不思進取。「君子有所為，有所不為。」對於事業我們應該孜孜以求，而對於那些名利之事，我們大可不必計較，還是隨遇而安的好。有的人錢多了不知該怎麼花，而對於相當多的老百姓來說，每一分錢都得之不易。「紅眼病」是萬萬犯不得的。錢多了還容易被賊覬覦，你要是能夠這樣想，心態不就平穩了？開著私家車是神氣，可過不了十年充其量也不過是廢鐵一堆；騎自行車上下班，累是累了，可是一來安全，二來還符合環保要求，更重要的是還鍛鍊了身體。千金難買好身體，何樂而不為？

　　既然葡萄吃不到，著急發火也無濟於事，姑且把它想像成是酸的，沒吃到也免去牙酸之苦，損失不了什麼。人生就是煉獄，磨難不計其數，想要活得瀟灑些，就必須學會自己安慰自己，正所謂「心底無私天地寬」，凡事只要想開了，放下了，就不會有什麼大不了的事來折磨你。把功名利祿看得淡一點，知足者常樂，做一個樂觀向上之人，對己、於人、對社會都有益處。

第4節 無私者無畏

劉鶚在《老殘遊記》中寫道:「人人好公,天下太平;人人營私,則天下大亂。」

無私,就會旗幟鮮明,不讓自己置身於進退兩難之地;無私,就會勇於放棄個人意見,做到廣納良言;無私,就會有容人之量,容得了順心順意之事,也容得下不順心順意之事。

從字面上看,無私主要說的是放下,但是,這種對於個人私利的「放下」精神卻能讓無私的人能拿起更多的東西,擔負更多的責任,成就更大的事業。

曾國藩出任兩江總督時,兩江鹽務的腐敗是兩江腐敗之最,老百姓對兩江鹽務怨聲載道。曾國藩決定從海州運判裕祺開刀。但剛把裕祺抓起來,曾國藩就碰到了麻煩事,裕祺的弟弟拋出了一本記錄著曾國藩的長江水師近年藉運軍糧的機會夾帶私鹽的帳本,其中還包括水師將領。長江水師的劣行,曾國藩很清楚,因此,他一聽到帳本的事,氣勢就低了下去,最後對裕祺也只能從輕發落,兩江鹽務的整治也就草草收場。

雖然曾國藩的為人處世在許多方面是值得我們稱道的，但曾國藩這次整治鹽務的失敗，究其原因，主要是緣於他內心的一個「私」字在作祟。俗話說「無私者無畏」，一個人內心有了私心，無法放下那些私心，即使再怎麼英明也無法做到大公無私，曾國藩的失敗也就在所難免。

然而，如今有的人把「人不為己，天誅地滅」當作人生的至理名言，更有甚者則把「人為財死，鳥為食亡」做為自己的行為準則。

莫以錯小而為之

他是一名在仕途路上春風得意的高級審判官，在他的觀念裡，收一點感謝費，是再正常不過的事情，是社會上的普遍現象。然而，他正是因為他所謂的「感謝費」而鋃鐺入獄。他應該知道，那些不叫「感謝費」，在法律上有其專有的名詞——受賄。無法「放下」，又怎能真正「拿起」？

他憑藉在部隊裡的優秀表現，轉業回家後在當地法院當上了一名書記員，開始了他的仕途生涯。他是個認真的人，而且很努力，工作的成績也很出色，一年後，他被升為助審員，又過了一年，成了審判員。勤奮好學的他在仕途路上，可謂一帆風順。當紅的時候，他經常出現在電視、報紙上；他審理過的案件的當事人，也總給他送上用金字寫著「人民的好法官」、「公正、廉潔」的錦旗；他還被評為高級審判官。這些

都是他當時的輝煌與驕傲。

　　但是，輝煌的背後卻逐漸埋下了罪惡的種子。當他調到經濟庭當審判長後，他所在的經濟庭審理的經濟案件訴訟標的都在150萬到4000萬之間，在開庭之前，有很多當事人邀請他出去吃飯，或者乾脆送給他紅包。他一開始都拒絕，可是時間長了，下班之後，當事人還是很「誠心」地來找他，就是要求「吃吃飯，聊聊天」。他也就漸漸覺得真的沒什麼，就去了。第一次，第二次……再後來，他覺得有時幫助當事人挽回幾百萬甚至幾千萬的損失，他們給點「感謝費」也不足為過，慢慢地，這些「很正常」的想法佔據了他的大腦。有了私心後，對一些本應依法辦的事也就不再無畏的公正嚴明了，就這樣他一步一步走向深淵……

　　有一個電纜銷售處的經理找到他，請他幫助，因為有一家企業欠該電纜銷售處1200萬元，銷售處的工作人員要了10年都沒要回來，現在銷售處的資金實在周轉不過來，希望他能夠幫助他們。他以購銷欠款糾紛把案子立上後，隨即向該經理推薦了一名經驗豐富的女律師，並說：「什麼案子只要由她來代理，沒有打不贏的！」按照律師的收費標準，該律師應該收電纜銷售處的訴訟標的的1%即12萬元，電纜銷售處經理二話不說，先預付給律師2萬元。就這樣，辦案講求效率的他拿著立案手續，帶著那名女律師和一名自己的助手查封了該拖欠企業的銀行帳號。還沒等他離開銀行，那個企業的負責人就出現在他的面前了。企業負責

人要求他把帳號解封，他卻說自己沒有帶解封手續，於是，他被這個企業負責人請到了高檔酒店。在酒桌上他給其出主意，說可以先在被查封的帳號邊上掛上一個臨時帳號，待企業把欠款還了之後再解封。因企業在銀行中的帳號裡有600多萬元被查封了，所以企業負責人被迫同意還錢了。

後來，檢察機關去那個單位清查帳號，發現有2萬元款項去向不明，會計說錢給了法官。就這樣他的一切事情敗露了。最後，檢察機關查出他受賄20.03萬元，其中他從電纜銷售處經理那裡要的10萬塊錢也在其中，因為那10萬塊也確實是「給他的感謝費」，一切事實都調查清楚了，他最終被法院判處有期徒刑8年。

不要以為收「感謝費」是正常現象，不要聰明地認為自己的私心不會被發現，更不要因拿人家手短，就不按照規定辦事，到頭來後悔的是自己！

有私心就沒有公正，一個人身上有了私心，在眾人面前就失去了說服力。你無私，得罪了一個該得罪的人，就會有許多人真心支持你，即使被得罪的人記恨你，也不用擔心，所謂無私者無畏！放不下自己的貪慾，放不下物質、金錢的誘惑，又怎麼能盡好自己的職責，又怎麼能獲得真正的成功？

祁黃羊舉薦

春秋時，晉平公有一次問祁黃羊說：「南陽縣缺個縣官，你看，應該派誰去當比較合適？」

祁黃羊毫不遲疑地回答說：「叫解狐去最合適了。他一定能夠勝任！」

平公奇怪地問：「解狐是你的仇人，你為什麼還要推薦他？」

祁黃羊說：「你只問我什麼人最合適，並沒有問我解狐是不是我的仇人啊？」

於是，平公就派解狐到南陽縣去上任了。解狐到任後，辦了不少好事，人們都稱頌他。

過了一些日子，平公又問祁黃羊說：「現在朝廷裡缺少一個提刑官，誰能勝任這個職位？」

祁黃羊說：「祁午能夠勝任。」

平公又奇怪地問：「祁午是你的兒子，你推薦你的兒子，就不怕別人說閒話嗎？」

祁黃羊說：「你只問我誰可以勝任，你並沒問我祁午是不是我的兒子啊？」

平公就派了祁午去做提刑官。祁午當了提刑官後，平反了許多冤假錯案，深受人們的愛戴。

祁黃羊推薦人，完全是以才能為標準，完全不忌諱他是自己的仇人

還是自己的兒子。黃祁羊能夠做到這一點，正是因為其無私所以做任何事都無畏。

正是因為祁黃羊心底無私天地寬，所以，他才能做到「外舉不避仇，內舉不避親」的無畏，正因為他放下了私心，才可以做到處世坦然。

御史周新

古時，錢塘吳山腳下有戶姓顧的人家，兩夫妻有個女兒，叫玉蓮。平時顧老漢和老伴在鼓樓邊賣餛飩，一家人日子不好過，也不難過。

有一日，顧老漢和老伴像往常一樣做著生意。猛然間前方一陣嘈雜，只見一匹高頭大馬橫衝直撞過來。撞倒了餛飩攤，餛飩攤上的滾水燙到了馬屁股，那馬受了驚嚇，前蹄騰空，把馬背上的人摔了下來。

馬背上的人號稱「通城虎」，是個讓錢塘百姓聞風喪膽的惡棍，仗著和京城有關係，平時無惡不作。這一次落馬，通城虎豈能善罷干休，一班惡奴蜂擁而上，扭住顧老漢就打。通城虎飛起一腳，把顧家老伴踢得口吐鮮血，當場斃命。

此時，早有人通知了玉蓮，玉蓮趕到，撲在娘身上哭得死去活來。誰知這通城虎見到如花似玉的玉蓮，便上前動手動腳。玉蓮哪裡肯依，朝通城虎手上狠咬一口，通城虎大怒，奪下惡奴手上的一根棍子，幾下把玉蓮姑娘活活打死了。

　　顧老漢從此走上了告狀之路；無奈通城虎勢力太大，沒有人敢動他。三年過去了，京城終於新派了一位監察御史，叫周新。這位周御史剛正不阿、清明如鏡，問明案情，來了個先斬後奏，命人把惡棍通城虎押出去斬了，錢塘百姓無不拍手稱快。

　　周新怎麼敢如此大膽把通城虎說斬就斬了？他既非出身顯貴也無錢開道，周新有如此膽量，就憑著「無私者無畏」。

　　周新的品行廉潔、生活淡素，沒有一絲貪婪。在他家的大廳上掛著一隻燻鵝，一掛就是幾年。周新愛吃燻鵝，有位朋友就送來一隻，周新執意不收，又推辭不了，就把它掛在大廳樑上。再有人給周新送東西，周新都會指指這隻燻鵝。從此，給周新送禮的人就沒有了。大家都知道，周新不收禮，哪怕是自己的好友。

　　錢塘知縣葉宗行，做官極其清正，周新十分敬重他。葉宗行病故後，周新親自撰寫祭文，以表達對他的尊敬。他把葉宗行清廉的事蹟傳達下去，要求下屬各官比照學習。

　　當時有個縣官平時不理政務，只知貪汙，升堂辦案也是草草收場，從不曾有人敢反對他。有一天，有個百姓在大堂上據理與他頂撞，縣官大怒，把他押入大牢。第二天，縣官聽說周新要來巡視，一早就去迎接，等到中午不見周新的蹤影，正在納悶時，昨天被押入大牢的那個百姓不知怎麼跑了出來，有人認出那百姓其實就是微服私訪的周新。縣官自知一夜之間周新肯定已從關押在一起的百姓中瞭解了他的罪行，自動

辭官了。從此，貪污的官員聽到周新的大名就嚇得兩腿發抖，紛紛吐出貪污的錢財。

　　周新執法並沒有特別高明之處，但他執法的威嚴卻讓上下心悅誠服，他的膽魄來自於他的廉潔自愛。「廉潔自愛」四個字說說容易，但真的做起來卻容不得一點私心雜念，特別是對那些已經與腐敗沾邊的人。廉潔才能無私，無私才會無畏，可是真正做到這一點又何其的艱難。

　　現今許多為官者，上任之初是很真誠為人民服務的，工作認真、作風強硬，但時間長了，覺得付出的太多，而得到的又太少，心中覺得委屈。於是，膽子在不該大的地方就大了起來，漸漸動起了不該有的念頭，嘴饞了、手長了、心也貪了。這樣又如何繼續做到無畏、做到無私呢？

　　俗話說：「吃人的嘴短，拿人的手短。」拿了不該拿的東西，也就失去了原來的那份篤定。只有那些拿得起也放得下的人，才是真正的無私者。

　　周新去世快600年了，今天的城隍山還記得他，杭州的百姓尊周新為杭州城隍，心存感激，有他的廟在，心裡也踏實。相較這位封建時代的清官，今天的官員們都能做到如他一般嗎？

　　有時，人難免會有把持不住，犯下私心。那麼，讓我們常常望一眼城隍山，或許，它會幫你冷靜下來，知道什麼是無私者無畏！

第三章

得之，我幸；不得，我命

愛情是一種偉大、豐富的感情，它像世界一樣壯闊，而絕不是在床上打滾。

——庫普林

曾經這樣學會愛情

愛情最讓人捉摸不透，又最令人神往。有人為它輾轉反側，有人為它生死相隔。然而，最終也沒有人能說得清楚，愛情究竟該怎樣。唯有切身體驗，才能領會其內在的奧秘。

愛情不是簡單的「1+1=2」的過程，它是戀人間相互理解、彼此禮讓的磨合過程。對於愛情有人深有感觸地說：「以相知而分手，以不知而結合。」的確如此，情人們在熱戀階段，相互順應、相互遷就，往往給對方留下良好的印象。而隨著時間的推移，兩人之間就會變得比較隨意，使得彼此之間的拘束感蕩然無存，在一些問題的處理上也會開始變得有分歧。然後，彼此之間就會發現對方的缺點越來越嚴重，以致於達到無法容忍的地步，於是只能分手。這樣的結局，難道是相愛的人希望看到的嗎？當然不是。那麼，情人之間是否應該擁有拿得起、放得下的胸襟，彼此更加寬容一些、豁達一些，這樣的愛情是否就會更加久遠呢？

「好漢沒好妻、紅顏多薄命」此類的感慨大多出自有婚姻經歷的人之口。可以說，他們發出的是感慨，得到的卻是教訓，而留給後人也只能是此類警句。對於愛情，我們對它的瞭解又有多少呢？愛情是上天的恩賜，是緣分。它如一朵嬌嫩的花，需要細心地呵護和培育。緣由天定，得之我幸，不得我命；事在人為，幸福要自己努力去爭取。當激情不再，紅顏老去時，我們是否應該放下那些纏綿悱惻，拿起屬於自己的那份責任？

那麼，如何讓我們正確對待愛情、學會愛情呢？

第 **1** 節 **愛一個人，是一輩子的事情**

當你愛上一個人之後，你就要具備拿得起、放得下的精神，始終如一地把愛情進行到底。不管前方出現什麼危機，只要你堅信，你仍然愛著他（她），放棄前嫌、相互禮讓才能使你的愛情有一個好的歸宿。想要在你的生命中擁有一段美好的愛情，你就要永遠記住：愛一個人，是一輩子的事情！

雷根與南茜的故事

雷根與南茜的初次相遇是在1949年，當時尚未成名的南茜·戴維斯發現自己的名字上了同情共產主義者名單。

有一次朋友聚會的談話中，她向她的密友，在好萊塢很有影響力的導演梅文·理洛伊抱怨此事。理洛伊建議南茜去找演員協會主席羅納德·雷根反映情況，當時雷根剛剛與影星簡·維曼離婚。

南茜看過雷根演的電影，並且也早想結識這位長得很帥的影星，所以她非常高興地採納了理洛伊的建議。南茜預約了雷根的當天，雷根就打電話給南茜，約她出來談談。他們走進一家影星們常去的餐館，用完餐後，雷根對南茜說：「索菲·圖克將在西羅劇院演出。」

南茜就順水推舟地說：「我從來沒有看過索菲的表演。」雷根說：「好吧，我們為什麼不去看首場演出呢？」結果他們一連看了兩場，後來便誰也不願意離開誰了。

南茜後來說：「現在回過頭去看，我仍然不知雷根身上究竟有什麼魔力讓我產生了他是最適合我的人這樣的念頭。他從不談他自己，從不談他的電影，他是南非戰爭迷，喜歡騎馬，對葡萄酒有著很深的研究，總之，他的一切我都喜歡。」

與南茜約會兩年後雷根向她求婚。3個月後，也就是1952年3月4日，他們在聖費樂南多谷小布朗教堂裡結了婚。

從1954年到1962年春天，雷根一直主持一檔名為「通用電器劇場」的電視節目。他們在一起的時候，充滿了歡樂和幸福，一旦離開，雙方便感到孤單和寂寞。雷根一個人在各地跑，每當孤獨襲來時，他就想起了南茜，他就提筆寫信給南茜，一來是可以減輕自己的孤獨，二來是安慰同樣忍受著孤獨的南茜。

他有一封信這樣寫道：「如果我們是在家裡的話，我們會生起爐火，一起翻一翻連環畫，不接電話，也不希望任何人來打擾我們。可是我從一個地方轉到另一個地方，身邊是無盡的孤獨，但待多久也無關緊要，因為我愛妳，只要多寫幾個『想妳』，我就會感覺孤獨裡面有一種奇妙的溫暖。就像望著一個明亮溫暖的房間。這個時候多冷、多黑都沒有關係，妳知道那個房間在哪裡。」

在家裡，南茜和雷根很少出現不同的意見，但在一些大事上也會發生分歧。然而，他們始終堅信兩個人相愛是一輩子的事情，就必須學會放下一些自己的原則，學會理讓對方。正像下面這封寫於60年代中期的信中反映的那樣，雷根在與南茜爭吵後總是大半個夜晚無法入睡，他不是睡不著，而是忙著寫信給夫人，放下自己的身段，用信件來表示自己對夫人的愛，並請求諒解：

親愛的雷根夫人：

妳之所以是雷根夫人，是因為雷根全心地愛著妳。每一次雷根先生看到傍晚的星星，或吹熄生日蠟燭時，他就想起同樣的希望——真心祈禱，希望幸福永存。

有時候雷根先生也會情緒失控、摔門，那都是因為他不會大喊大叫或跺腳叫罵，他真的不是那種人。但雷根先生總是和雷根夫人同喜同悲，他簡直無法想像沒有她的世界會是什麼樣子——他愛她。

即使雷根擁有著身為總統的無上榮耀，他在處理夫妻情感上也能做到拿得起、放得下，經常用寫信的方式與南茜交流感情，南茜為了表示對雷根的愛意和他堅持不懈的「愛一個人，是一輩子的事」這樣的愛情精神，寫下了一本新書——《我愛你，羅尼：雷根給南茜的信》。南茜原本想把這些書信捐贈給雷根圖書館，不過，當南茜一次無意中再翻到這些信時，細想之下終於決定要將丈夫對待愛情及其真摯的一面公諸於

世。

你從這些情書中找不到總統與第一夫人，只會被一位名叫羅納德‧雷根和他所深愛的女人南茜之間，那種愛一個人需要一輩子的篤深的情感所感染。

在他們的書信中不難看出，正是他們都堅信「愛一個人，是一輩子的事」才使得他們能夠在長久的婚姻生活中永遠相互諒解，彼此做到拿得起、放得下，進而得到一輩子的幸福與快樂。

生死相伴

卡羅維奇是一個在蘇聯遠東地區服役的年輕軍官。一場緊張的軍事演習後，他得到了一次休假的機會，回到了闊別已久的家鄉——烏克蘭的一座老城。

當晚，他和幾個兒時的同窗好友在城裡唯一一家還算像樣的餐館裡聚會，分享久別重逢的喜悅。

他們在餐館的角落找了張桌子坐下，卡羅維奇的旁邊坐著他的女友。他們邊品嚐著餐館的美食，邊輕聲地聊天。卡羅維奇的女友不是那種天生麗質的美人，但有一雙清澈明亮、充滿智慧的眼睛，用卡羅維奇的話說，她的雙眸簡直是夜空中光彩奪目的星星一樣。

卡羅維奇和她相識相知，他送她回家要經過一片白樺林。在樹林裡，他們會停下來，彼此凝望著誰也不說話。那片廣袤的白樺林使卡羅

維奇的這個假期充滿了幸福和歡樂。

在部隊裡，卡羅維奇一直與她保持著書信往來，那些充溢著純真感情的書信一直珍藏到今天。一年後，卡羅維奇再次回鄉休假時，和她登記結婚了。在婚禮上，卡羅維奇的一個朋友問他：「你到底愛她什麼？」 卡羅維奇毫不猶豫地回答說：「愛她的全部。」

在婚假結束前的兩個星期，卡羅維奇和她走過那片白樺林，踏上了通向部隊駐地方向的火車，開始了他們的蜜月之旅。

卡羅維奇的宿舍是一間二戰前為當地工人建造的簡陋平房，這也是卡羅維奇和她最初的新房。她以女人特有的天賦和一雙巧手瞬間使房間的每一個角落變得溫馨、舒適。

卡羅維奇和她的生活充滿了甜蜜幸福和青春朝氣，直到一個可怕的冬日。

那天，她摔倒在街頭，沒能站起來走回自己的家。那年她剛滿24歲。部隊野戰醫院的醫生告訴她：「妳得的是骨盆結核病，如果接受治療，10年後才能康復，如果不治療，3年後就可能離開人世。」

為了給她治病，卡羅維奇四處尋醫問藥。由於遠東地區的氣候不適合治病，經過部隊上級機關特批，卡羅維奇調回了烏克蘭，她住進了基輔的一家醫院。接下來，就是連續不斷的手術，以及與藥物和疼痛相伴，與絕望和希望相隨的病榻生活。卡羅維奇堅信愛一個人，是必須要用一輩子的付出來經營的事，所以他沒有放棄。為了愛，他放下了自己

在部隊的前程，毅然陪著妻子回到家鄉。

憑著卡羅維奇的關懷和她自己堅強的毅力，3年後她竟然重新站立起來了。這真是一個奇蹟。

在隨後共同生活的歲月中，卡羅維奇送給她平安與祝福，她送給卡羅維奇信任、關心以及他們幸福生活的結晶——為了愛，她不顧醫生勸阻，毅然生下了兩個女兒，為此她曾兩次在產房給卡羅維奇寫下遺書：「如果我死了，請不要埋怨任何人。」同時她也為生孩子付出了代價——不得不因手術摘除了一個腎臟。因為卡羅維奇和兩個孩子在熱切地等待著她，她不能離他們而去，死亡是對他們情感的背叛。

他們的生活包容的內容很多。他們互相深愛著，其中有離別、有歡樂，也有痛楚，但沒有背叛、沒有謊言，更沒有恥辱。

如同一般人一樣，在老伴去世之前，卡羅維奇也害怕死亡。以前，死亡對卡羅維奇來說就意味著別離，現在他看清了，他的老伴只不過是出了趟遠門，總有一天他也會隨她而去。

卡羅維奇今年已是一個74歲的老人了，雖然和他共同生活了45年的老伴已經去世3年了，對他來說，愛情的力量要遠遠超過死亡的力量，他說：「愛一個人就是一輩子的事！這輩子因為愛，我過得無比的幸福！」

難道還有比彼此相愛、相濡以沫度過一生更可稱頌的愛情嗎？然

而，要擁有這樣的愛情，彼此是否就應該像卡羅維奇夫婦一樣，放下個人的前程甚至是生命為代價來譜寫愛的讚歌呢？拿得起、放得下不單單是事業前程上的事，對於愛情也一樣適用！

現代社會，生活節奏越來越快，很多人對「愛情」產生了懷疑，更別說是相愛一輩子了。

對於愛情真的有必要去懷疑嗎？在懷疑的時候，是對自己沒有信心還是對對方沒有信心呢？不要讓快節奏的生活迷亂了你的眼睛、敞開心扉，把心裡最想讓對方知道的話，勇敢的講出來，多一些交流，多一些理解、多一些包容、多拿出一些時間與對方一起度過，你會發現，其實，愛情真的很簡單，就像一首歌裡唱的那樣：其實，愛，很簡單，真的很簡單，有一個人做伴，兩個人就不孤單……

拿起一些你的真摯，放下一些你的利益，愛一個人是一輩子的事，一步一腳印的度過生命中的每一天，一輩子就不會覺得那麼遙遠了，當你在愛情路上踏實的踩下每一個腳印的時候，你就會發現其實一輩子也沒多遠。

第*2*節 浪漫背後的責任

當愛情或者生活被幸福平靜所包圍時，一些平凡的愛意總會被渴望激情與浪漫的情侶的心靈所忽略。愛從來沒有固定的模式，鮮花的浪漫，不過是浮在生活表面上的淺淺點綴，它們的下面才是我們實實在在的生活。

愛情清單

一個男人和一個女人結婚5年了，一直沒有孩子，感情濃濃淡淡，日子忽晴忽暗，最後因為一件小事走到了離婚的邊緣。

分手是由男人提出來的。他的理由是與其兩個人這樣不冷不熱地耗著，還不如一個人自由自在地打拼自己的天空。這時，是這個男人辭去公職，自己單飛一年的時間。他滿腦子都是如何拓展自己的事業，對家庭，他已無暇顧及。

當這個男人提出離婚後，女人沒說一句話。她默默地收拾好自己的衣物、書籍，整理了4大皮箱。她搬回娘家住了。

一個星期後，兩人相約來到離婚辦事處。兩個人去的時候，時間還早，辦公人員還沒上班，兩個人便站在外面等。

女人如釋重負地對男人說：「其實，我早就覺得累了。你只顧忙自己的事業，家裡的事情一點都不管，還總是亂發脾氣。但我不願意在這個時候提出來，這真是太好了！」說完，從口袋裡掏出一個隨身聽，裡面有一盒錄音帶，女人請男人聽一聽。

男人覺得女人表情很奇怪，便將耳機接了過來。錄音帶不長，只有兩分鐘。

「這五年來，我為你做的事不多。下面是我為你做過的事的清單：

第一，每天清晨，拉開窗簾，讓陽光照進臥室，讓你有個好心情。

第二，每天把買來的水果洗好，放在盤子裡，端到茶几上，讓你看電視時伸手就能夠拿到。

第三，每週五，買一大堆好吃的東西放在冰箱裡，讓你一個人在家時不會餓著肚子。

第四，每週六，打掃一遍屋子，把灰塵、油漬和掉落的頭髮統統擦乾淨，讓你有一個潔淨明亮的環境。

第五，每一季都要把你換季的衣服和鞋子洗乾淨，放在櫃子裡。

第六，屋子裡放了4個煙灰缸，以便在臥室、客廳、餐廳和洗手間任何一間房間裡你想彈煙灰的時候，都能輕鬆地找到它。

第七，用一個廢棄的煙盒收藏硬幣，讓你用來買每週必看的報紙。

第八，每次你洗完澡後，我都默默地把浴室沒擦淨的水用抹布擦乾淨，以免和著拖鞋上的灰塵和污泥，踩得到處都是黑黑的腳印。

　　第九，每次你喝醉酒後，不論多晚，我都會給你拿一個洗臉盆、一杯溫水和一卷紙巾。洗臉盆是供你嘔吐用的，溫水是供你漱口用的，紙巾是供你擦嘴的。

　　你為我做過的事：恕我直言，對不起，我實在想不起來。

　　所以，我同意離婚。」

　　男人的臉有些發熱，眼睛裡有了些霧氣。他把耳機的線仔細地繞在隨身聽上，然後，小心地放進上衣口袋。

　　他靜靜地走到女人面前，溫柔地握著她的手，輕聲說：「我想把這份愛情清單重新修改一個，行嗎？」

　　如果你是這個男人，聽到這一番話，你會怎麼想，接著又會怎麼做？故事的結局還算圓滿，只一句簡單的「我想把這份愛情清單重新修改一個，行嗎？」，就表現出那個男人對待愛情生活有一種拿得起、放得下的勇氣，他感覺到了女人為自己所做的一切，雖然一個人自由自在打拼天下的想法，頃刻間煙消雲散，但他認識到了自己的疏忽與自私，放下屬於男人的自尊與威嚴，把愛情中屬於自己的那份責任擔負了起來——他想要重新修改他們的愛情清單。

　　浪漫的激情過後，有份屬於自己的責任，放下激情，並不意味著生活中不需要激情，一些微小的事情，用心去做，同樣可以營造一種浪漫的氛圍；對待激情抱有拿得起、放得下的那份灑脫，那麼，你就會在自

己的愛情生活中扛起那份屬於自己的責任，扮演好妻子或者好丈夫的角色。最浪漫的事，莫過於和自己心愛的人一起變老。拿得起、放得下是一種達觀，是一份恬靜，只要擁有這樣的愛情觀念，那麼距離最浪漫的愛情也就不那麼遙遠了。

軌跡

　　一個視愛情為生命的女人，最近一直在痛苦中掙扎，熱情富於幻想的天性在她這些年的婚姻中一直被保護得很好。其丈夫是個很好的人，非常愛她，雖然他們的性格和愛好都差異很大，他還有些大男人主義，但在他對她的關愛中，這些都被淡化了。多年來，她生活在自己編織的幸福當中，平靜、安逸而滿足。

　　然而，幾個月前的一次出差，完全打亂了她的生活。她遇到了一個男人，他們在交流中都驚喜地發現，天地間竟然會有如此相似的另一個人存在。相同的愛好、性格、人生觀和價值觀，使他們有種相見恨晚的感覺，並且無法控制地墜入了愛河。這一切都發生在短短的一個月之內。女人知道很多人會覺得可笑不理解，覺得這是兩個膚淺而沒有責任感的人被激情沖昏了頭，這麼短的時間怎麼能產生真正的愛情？

　　然而，女人一直試圖去分辨這份感情的真實性，她與男人都覺得這不單單只是激情，女人也試圖去說服周圍的人理解這份愛。她相信在這個世界上，每個人都不相同，但總有你的同類在其他地方，當你們相遇

後，你會立刻將對方辨認出來，並理所當然地信任他，也更容易愛上他。

　　女人和男人都是有些理想化的人，對愛情的需求程度很高，這是他們與周圍的人甚至是和自己的伴侶的最大不同之處。男人也是有家室的人，婚姻一直不幸福，但因責任和其他一些不便說的原因，一直盡力維護著家庭。在愛情與責任中徘徊痛苦許久，他們決定在一起。

　　女人和丈夫坦白了一切。她的丈夫很震驚，也很痛苦，因為他們的婚姻一直美滿，一直是朋友圈中的婚姻範本，沒有人相信這樣的事會發生在他們的婚姻中。在自尊和眷戀中掙扎之後，丈夫表示希望她回歸，他不願失去自己的妻子。離婚與否，全聽女人的。女人的家人和她的公婆都希望他們能和好，一切都可以回到從前。因為她的家人都很愛她，她和公婆的關係也非常好，所以想到傷了他們的心，她一直非常內疚。

　　周遭的人都在勸女人回到家庭中，只要她不去幻想愛情，仍然可以繼續做一個幸福的小女人。何況，她想要和她愛的那個人在一起，還得面臨很多實際問題。因為男人要離婚會有相當大的阻礙，雖然目前男人已經在努力進行中，並且他們身處兩個城市，相隔千里，要在一起估計需要數年的不懈努力。

　　女人的家人和朋友都認為她鬼迷心竅，但是，女人就是不甘心！她和那個男人雖然相識時間短，但他們真誠相待，彼此感覺已相當瞭解，都相信兩個人在一起會很幸福。但人生短短幾十年，真的要背負那麼多

責任，為別人而活嗎？

　　婚姻是人生當中一項規模盛大的工程，它陪伴著人度過生命三分之二的光陰。故事中的女人與其丈夫性格差異很大，她在與另外那個男人相逢後，雙方都覺得這才是自己甘願與之度過一生的那個人。我們可以為女人設想出兩種結局：一是繼續和與自己性格相差很大的丈夫一起生活；二是突破阻礙，與那個男人生活在一起。

　　故事的最後結局是這樣的：女人在幾近崩潰的邊緣苦苦掙扎，拖的時間越久，她越對自己當初的決定有些許的懷疑。一天，她回到家中，4歲女兒抱住女人的腿，「媽媽，我不要妳和爸爸分開，不要，我不要……」女兒邊哭邊說，不肯放開女人的腿。女人有種從夢中驚醒的恍惚，她慢慢蹲下來，展開雙臂抱住哭泣不止的女兒，「媽媽不會和爸爸分開的，寶寶乖……」

　　好不容易，哄睡了女兒，女人一個人靜靜地坐著，千頭萬緒湧上心頭：我和丈夫是性格有差別，不過，在這麼多年的婚姻生活中，我們並沒什麼不可調和的矛盾，不是嗎？他對我的遷就、包容，我在外面工作到很晚，孩子不都是他帶的嗎？他從沒有抱怨我不回家做飯，不帶孩子，一直以來，我都覺得他不夠瞭解我，可是，他在用他的沉默包容、體諒著我，他沒有對我進行任何，哪怕是一絲一毫的干涉，才得以把我保護得這麼好。

　　「很晚了，喝口水，早點休息吧！」丈夫還是有些不冷不熱的，可

話語中藏著他對她的關心。一股暖流在女人的心裡擴散開來，她抱住了丈夫，緊緊地，長時間的兩個人抱在一起。

漫長的婚姻旅程中，我們總會遇見異樣的風景，會有短暫的激情出現，那麼，就把它當作旅途中的一處風景好了。與自己風雨同舟的伴侶，一直都在背後默默支持著自己，在激情出現的時候，我們要有拿得起、放得下的心態。激情只是婚姻生活中的調味劑，浪漫背後有一份責任需要雙方去承擔，家庭中的長輩、孩，子還有柴、米、油、鹽這些都是愛情過程中需要面對的。如果缺少了這些，又談何愛情，更別說相伴一生了。

浪漫背後有份責任，不僅要對對方負責而且也需要對自己負責。放下對一生浪漫的幻想，用心感受一下自己想要的究竟是什麼？勇敢地擔當起浪漫背後的責任，那麼，我們的愛情就會幸福、美滿。

第3節 讓愛為事業插上翅膀

愛情是世人孜孜以求的美妙事情，擁有愛情的人，做起事來，總有一股永遠都用不完的精力；愛情使戀人們總不自覺地為對方考慮很多很多，有了愛情的滋潤，也不要盲目的全身心的投入進去，擁有愛情是為了更好的生活，要有拿得起、放得下的思想，從愛情的蜜汁中走出來，只有這樣，才能在擁有愛情滋潤的同時擁有更好的生活，才可以雙贏。

讓愛為事業插上翅膀，揚帆遠洋，去收穫一番美景。

馬克思的愛情

德國西部邊境有個山川秀麗的葡萄之鄉——特利爾，這就是馬克思和燕妮從小生長的地方。燕妮和馬克思住得很近，兩家來往也非常密切。燕妮比馬克思大四歲，是一位聰慧漂亮的大姐姐，她很喜歡跟馬克思一起玩耍。馬克思遇到什麼高興的事，也都趕快告訴燕妮，他們在開心、快樂中度過了童年。

像其他青年一樣，馬克思也開始尋找愛情。在他的心目中，燕妮是唯一最完美的女性。燕妮愛他，他也深深地愛著燕妮。

馬克思在波恩大學生活了一年後，回到家裡度暑假。在姐姐索菲婭

的熱情幫助和安排下，兩位互相暗戀的有情人，終於傾訴了自己心中的愛情。在一個月光如水的夜晚，燕妮握住馬克思的手，堅定地說：「愛情是神聖的！」馬克思鄭重地回答：「『我愛你』這句話，對我們來說有著特殊的意義，那就是它意味著永遠。」暢訴別情，展望未來，一對戀人沉浸在無限幸福之中。

馬克思是市民階層的子弟，這與燕妮的家庭給她安排的生活道路存在著尖銳的矛盾，但是，燕妮認為愛情是神聖的，她一邊鼓勵馬克思好好讀書，一邊盡量爭取父母的同意。和其他初戀的人一樣，馬克思也一度墜入了愛河。他一面緊張地讀書，一面又利用課餘時間給燕妮寫情詩。一封封情書、一首首情詩飛向燕妮，他每天都渴望著情人的回音。但是，燕妮表明，在馬克思沒有畢業之前，一定要安定下來，把時間和精力用在讀書上，不要因愛情而分散精力。

就這樣，在燕妮的支持下，4年寒窗，馬克思終於結束了大學生活，獲得博士學位。燕妮也經過艱苦努力，徵得了父母的同意，她和馬克思的婚約正式宣佈了。

燕妮很了不起，沒有她的叮囑與呵護，馬克思怎能安下心來好好的完成學業，又怎能成就出一番令人驚嘆的事業？沒有她堅定的信念，怎能說服家人？燕妮所做的一切，說明她深深的愛著馬克思，正因為愛，給了燕妮這樣的勇氣與信心。也正是燕妮的愛，給了他翅膀、給了他更

為廣闊的天地。

　　「每一個成功男人的背後，都有一個了不起的女人。」這句話說得一點都沒有錯，男人在外面打拼不畏艱辛，是因為背後有一個女人在支持著他，鼓勵著他，她體諒他的辛苦，明白他的用心。女人願意把自己的時間與精力更多的用在家庭上，只為男人回到家時，能夠看到一個井井有條、溫馨怡人的家。難道女人就不渴望事業的成功帶來的成就感嗎？為什麼女人願意把更多的時間與精力放在家庭上？因為女人有拿得起、放得下的豁達，並且更加懂得，男人的成功就是她最大的成功。

　　美國大文豪霍桑若不是有妻子蘇菲亞的全力支持，可能無法在文壇上佔有一席之地。

《紅字》的誕生

　　霍桑成名前是個海關的小職員，有一天他垂頭喪氣地回家對太太說他被炒魷魚了。他太太聽了不但沒有不滿的表情，反而興奮得叫了起來：「這樣你就可以專心寫書了。」

　　「是呀，」霍桑一臉苦笑地答道，「我光寫書不工作，我們靠什麼吃飯呀？」

　　這時蘇菲亞打開抽屜，拿出一疊為數不少的鈔票。

　　「我一直相信你有寫作的才華，」蘇菲亞解釋道，「我相信有一天你會寫出一部名著，所以每個星期我都把家庭費用省一點下來，現在這

些錢足夠我們生活一年。」

霍桑感動地說：「親愛的，我原本也在考慮寫點東西的，但是我一直擔心……現在好了，我會好好做的，謝謝妳！」

太太激勵的話語與經濟上的支援，令霍桑更加不斷進取，踏實苦幹，終於完成了美國文學史上的巨作——《紅字》。

霍桑的成就令世人對他刮目相看，我想，霍桑成功之後，會更加愛她的妻子蘇菲亞，在霍桑的成功裡面，蘇菲亞有不可磨滅的功勳。霍桑剛失業的時候，蘇菲亞沒有像其他妻子那樣說自己的丈夫沒有用，而是積極、樂觀的鼓勵他寫作，而且她已經為這件事準備了好長的一段時間。正因為她的用心良苦與鼓勵、支援，霍桑才有了一個很好的心境寫出了這樣的一部巨作。

蘇菲亞的愛，給了霍桑一個安逸祥和的環境，蘇菲亞的愛，為霍桑的事業插上了翅膀，讓霍桑飛得更高。

在一個電影頒獎典禮上，一位男明星手捧獎座，雙眼深情地望著臺下說：「我要特別感謝在我生命中最重要的兩個女人。一個是我的母親，是她給了我生命，把我帶到這個世界；另一個是我的妻子，是她一直在背後支持我，無論我犯了什麼錯，她都願意陪我一起走下去。」此時此刻，這兩個女人一定覺得自己是世界上最幸福的人，從前多少辛酸今天終於修成正果。

　　一個成功男人的背後，往往不只一個女人。不同的女人帶給男人不同的人生觀，使他不斷頓悟，逐漸成熟——這些正是成功的要素。身為妻子，沒有怪丈夫不顧家，從不打掃環境，沒有埋怨丈夫把家當作旅館，回家只是為了休息，因為做為妻子，她明白丈夫在外奔波的不易與疲憊，家就是一個避風港，累了、倦了，回到這裡休息，為了更好的遠帆，女人甘願用自己的人生換取男人的成就，她相信，男人的成功讓犧牲變得有價值；身為母親，她沒有責怪男人不孝順，不常回家看看，因為她明白事業的成功對一個男人來說何其重要。不管是妻子還是母親，她們都有那種拿得起、放得下的氣魄，她們把對男人的愛藏在心裡，她們心甘情願做男人強大的後防力量，也正因為她們的愛，使得男人可以成就一番事業。

　　在報紙上還看過這樣一則新聞。一個男人被妻子控告貪污，被判入獄。男人在接受採訪時訴說他和妻子的愛恨：

　　他們兩人從中學開始就在一起。男人家裡窮，女人的家裡卻很富有。結婚時，所有人都說這是男人的福氣。婚後，男人搬到妻子的別墅生活，在岳父的公司裡工作。大家認為很幸福的男人，在家裡卻要常常忍受老婆的大小姐脾氣。妻子還動手打他，兒子和傭人也瞧不起他。他無法忍受，打算攢一筆錢離家出走。他挪用公款做生意，計畫賺錢後就把虧空的金額補進去。誰知生意虧本，結果血本無歸。被判入獄後，妻子居然雪上加霜，立即提出了離婚。

　　報紙照片裡的男人容貌憔悴，樣子窩囊得很。沒有人知道，表面風光的男人其實活得那麼卑微。「我這輩子就只有過她一個女人呀！」男人向記者哭訴著。一個失敗男人的背後，通常也有一個女人，而且一個就足夠了。

　　故事中的女人看到自己的丈夫入獄，不知心裡好受不好受？俗話說得好，「一日夫妻百日恩。」如果妻子能對丈夫多一些包容、多一些鼓勵、多一些支持，那麼，故事裡的丈夫可能就會有另一番作為，這樣的家庭悲劇，也會少很多。

命懸一線

　　唐太宗大治天下，盛極一時，除了依靠他手下的一大批謀臣武將外，也與他賢淑溫良的妻子長孫皇后的輔佐是分不開的。

　　長孫皇后知書達禮、賢淑溫柔、正直善良。對於年老賦閒的太上皇李淵，她十分恭敬而細心地侍奉，每日早晚必去請安，時時提醒太上皇身旁的宮女怎樣調節他的生活起居，像一個普通的兒媳那樣力盡著孝道。對後宮的妃嬪，長孫皇后也非常寬容和順，她並不一心爭得專寵，反而常規勸李世民要公平地對待每一位妃嬪，正因為如此，唐太宗的後宮很少出現爭風吃醋的韻事，這在歷代都是極少有的。長孫皇后憑著自己的端莊品行，無言地影響和感化了整個後宮的氣氛，使唐太宗不受後宮是非的干擾，能專心致志料理軍國大事，唐太宗對她也十分敬服。雖

然長孫皇后出身顯貴之家，又貴為皇后，但她卻一直遵奉著節約簡樸的生活方式，衣服用品都不講求豪奢華美，飲食宴慶也從不鋪張，因而也帶動了後宮之中的樸實風尚，恰好為唐太宗勵精圖治的治國政策的施行做出了榜樣。

長孫皇后不但氣度寬宏，而且還有過人的機智。

一次，唐太宗回宮見到了長孫皇后，猶自義憤填膺地說：「一定要殺掉魏徵這個老頑固，才能一洩我心頭之恨！」長孫皇后輕聲問明了緣由，也不說什麼，只悄悄地回到內室穿戴上禮服，然後面容莊重地來到唐太宗面前，叩首即拜，口中直稱：「恭祝陛下！」她這一舉措弄得唐太宗滿頭霧水，不知她葫蘆裡賣的是什麼藥，因而吃驚地問：「什麼事這麼慎重？」長孫皇后一本正經地回答：「臣妾聽說只有明主才會有忠臣，魏徵是個典型的忠臣，由此可見陛下是個明君，故臣妾要來恭祝陛下。」唐太宗聽了心中一怔，覺得皇后說的甚是有理，於是滿天陰霾隨之而消，魏徵也就得以保住了他的地位和性命。

看完故事，你是否在感嘆長孫皇后的為人？她不僅沒有因為李世民對她的寵愛而來確立自己的專寵地位，而且她還規勸李世民要公平對待每一位嬪妃，因為她具有拿得起、放得下的高貴品德，身在後宮，深知其之苦，她能夠設身處地的為其他嬪妃著想，已經十分不簡單。身為皇后，她還知道如何審時度勢，魏徵這件事，就是一個很好的例子。聽到

李世民要殺掉魏徵時，她沒有立即勸阻，而是從另一個角度，來說明魏徵是一個忠臣，讓李世民自己明白其中之義。

長孫皇后所做的一切，不是為了讓李世民更好的治理國家嗎？她不僅是一個好妻子，更是一個好皇后，母儀天下。

如果你真的愛他（她），那麼在其追求的道路上，多給一些包

容、鼓勵與支持，因為你的愛，是他（她）揚帆遠洋的風帆，讓愛為他（她）的事業插上翅膀，當其事業有所成就的時候，那麼你所收穫的不僅僅只有喜悅，更多的還有他（她）帶給你的那份愛的榮耀。

第4節 分手時，放愛一條生路

對於愛情，有的人很幸運，只經歷一次，便找到了自己一生的鍾愛，兩人恩恩愛愛，相伴到老。不過，在如今高節奏的生活裡，這樣的例子實在太少。相愛難免會有裂痕出現，我們也不可避免的會遭遇分手。分手時，當事者雙方心裡都不好受，這個時候，需要有拿得起、放得下的心態，要想想，曾經你們是那樣的深愛過，如果現在你真的還愛他（她），就不要糾纏不清，請放愛一條生路。

一對結婚十年的夫妻，夫妻之間已經沒有感情了，於是丈夫提出離婚，說這樣對雙方都好，在一起也是折磨，並且自己也都有了彼此相愛的人。

這個女人心想，我就不跟你離婚，你嫌我老了、醜了，就不要我了。我偏不和你離婚，我幹嘛要成全你啊，看誰耗得過誰。這樣又過了幾年，女人還是不同意離婚。

感情是一把雙刃劍，傷的是彼此，既然沒有愛了，又何必勉強在一起？放愛一條生路，這樣對雙方都好。不要想著誰成全了誰，其實，誰都沒有成全，只是成全了自己。沒有愛了，兩個人在一起不過是一種形式，虛有其表，本質早已發生了改變，痛苦是兩個人的。每天都要看到

自己不願意看到的人，你快樂嗎？

　　放手是為了有更好的生活。一開始是因為愛而走在一起，分手也是因為愛而分道揚鑣。愛過了就好，拿得起也應該放得下。愛過了就好，放愛一條生路，你就會找到屬於自己的真愛。

　　男孩從事的是地質勘探工作。男孩對待女孩就像珍寶一樣，男孩愛得癡情而投入。這讓女孩很滿足，也很感動。女孩想：女人一生的幸福不過如此吧！

　　慢慢地，戀愛變得平淡。平淡的日子就會生出些許變故。變故的起因之一就是男孩的工作。工作的性質決定了男孩要在不同的地域之間長期奔波，整日廝守是根本不可能的。於是也就出現了一些問題。

　　女孩說：「換個工作吧！」

　　男孩笑著搖頭：「我學的是這個，還能做什麼呢？」

　　女孩不悅，說：「我要平靜的生活，你給不了。」

　　男孩說：「我給妳愛，還不夠嗎？」

　　女孩說：「愛在平靜、踏實的生活中，不在長相憶裡。我們分手吧！」

　　「為什麼要這樣？」男孩一臉悲傷。女孩懂得男孩的愛很深、很沉，但女孩讀不懂男孩的心思。

　　「你愛我，就讓我走吧！我要的是一份踏實的愛，你應該知道。」

　　男孩不忍，也很無奈。女孩看了他一眼，默默地走了。

　　故事中的男孩很無奈，女孩就好受嗎？他們當初的纏綿悱惻隨著時間的推移而慢慢變淡。女孩無法忍受男孩成天東奔西跑、不在身邊的工作，當男孩聽到這樣的話，心裡的滋味就只有一個字來形容：痛。他不能選擇其他的工作，因為他的專業就是這個科系，面對女孩對自己的不理解，他只能放手，放手的愛是一種淒涼的美麗。

　　對愛放手，意味著希望對方找到更好的幸福。分手的時候，會很痛，不過，痛定思痛，我們應該有拿得起、放得下的豁達。既然你的愛無法讓對方感到快樂與幸福，他（她）不快樂，那麼你就會快樂嗎？為什麼不給他（她）一個更好選擇的機會？放愛一條生路，不僅僅只是成全對方，你也在給自己一條生路。

甜麵包和鹹麵包

　　弗蘭克來到姑媽家住了好一陣子，與廚娘茜茜相處甚密，時間一長，兩個年輕人便有了感情。可是弗蘭克並沒有說出來，茜茜也羞於啟齒，就這樣在默契中感覺著對方的美好。

　　一個月後，因為父親公司的業務發展，要求弗蘭克回去出任公司總裁。臨行前，弗蘭克來到廚房裡向茜茜表白：「茜茜，和我一起回家吧，未來的公司將是屬於我們的。」

茜茜背對著弗蘭克，將一碗攪拌均勻的雞蛋倒入麵粉裡，用力攪拌著它們，許久才緩緩說道：「那不是你要的生活，也不是我要的生活，我想追求我的奮鬥目標，相信你也是吧！那樣的生活不適合我們，你的理想是當一名詩人，而我的理想是當一位出色的廚娘，你可能看不起我，因為你曾經跟我說過要我改行。但當一些普通的作料在我手中變成美味佳餚的時候，也就是我最幸福的時候啊！」

弗蘭克見一時說服不了茜茜，但他又必須回去任職，只好暫時作罷。

第二天清晨，當弗蘭克坐在餐桌旁的時候，一個大蛋糕已經放在了他的面前。弗蘭克切了一塊放在口中，他突然嘗到了一股鹹鹹的味道，蛋糕依然鬆軟可口，只是好像加了鹽！姑媽也吃得皺起了眉頭，她尖叫道：「茜茜這孩子是不是把鹽當成糖了？難道最後一天做事就應該馬馬虎虎嗎？」

「最後一天？」弗蘭克驚詫地問，「茜茜走了嗎？」

姑媽惋惜地說：「她昨天晚上走的。還給你留了封信呢！」

「甜蛋糕——我給你留兩年！」看罷信，品著蛋糕那又鹹又澀的滋味，弗蘭克的心碎了。自己在心中默默地說：「茜茜，我本來想在兩年後與妳結婚的，可是妳就這樣悄悄地離去了，難道這樣就能改變我對妳的愛嗎？」他又想起茜茜昨天的冷言冷語和無動於衷的表情，心又涼了下來，一會兒又想：「不！除非她親口對我說，否則我不會死心的！」

這樣地一直在與自己抗爭著。

　　歲月如梭，轉眼一年過去了。弗蘭克疲憊地忙於交際應酬，然而堆積如山的財富也不能安撫他漸漸空虛的心靈。

　　一個寒冷的冬夜，他回到家累得不想動彈，坐在房間的沙發上隨意啃著冰冷的麵包。他想起了茜茜做的香甜可口的麵包和那些被幸福包圍的日子，淚水不知不覺流了下來。吃著吃著，一股似曾相識的鹹味撲面而來，那是鹹鹹的淚水滴進麵包裡的味道！

　　弗蘭克忽然明白了一切：茜茜臨走時做的鹹蛋糕，是她為他流下的傷心的淚水啊！這個熱愛自然的鄉村女孩分明是愛著他的，卻又不能習慣觥籌交錯的生活和陪襯丈夫的花瓶角色，「那不是我要的生活」。是啊，她的出走別無選擇。

　　很多失戀的男女都會發生類似上面故事裡的情況，當對方離開了自己，這個時候，才發現原來對方才是自己的最愛。很多回憶如電影一樣在腦海中閃現，自己完全沉浸裡面，不可自拔。即使工作的繁忙與勞累，可以填滿白天的時光，夜幕降臨，身單影孤，自己又將陷入了對對方的思念與深深的自責當中。

　　這個時候你需要明白，你當初的放手，並不說明你不愛對方，只能說明你很愛很愛對方，所以，你才願意捨得讓對方去找尋更加適合的另一半，你希望他（她）能比自己幸福。既然你已經為對方而放手，為什

麼就不能抱有拿得起、放得下的心態，對自己也寬容些，對自己也放手呢？

昨日偶遇很久未見的好友，看她滿面春風、容光煥發，知道小女人又戀愛了。記得上次與她分別是她離婚後的第三天，她說婚姻讓她厭倦了，讓她不知道生活真正的樂趣和意義，想離開熟悉的城市遠遠的避開。那時的她，滿面愁容，沒有了笑意，沒有了青春活力，更不用說那時的生活、愛情與丈夫的所作所為給她留下的殘酷記憶！

我還記得她當時紅紅的眼睛，情感讓她很受傷，我問她如何和她先生鬧成這地步，她說她深愛他，但卻感覺不到他的愛，甚至他們倆在一起的時候已經很難有當初剛認識時的那種親熱感。她發瘋的逼問並且管制丈夫的一切行動，希望他回應她的感受，發瘋的打探丈夫的行蹤，她說她那時候脾氣暴躁得動不動就發火。就這樣，她自己斷送了自己的婚姻還有丈夫。

現在她告訴我說，她非常快樂！她意識到了她當時瘋狂的舉動是錯誤的，由於自己的任性，認為付出多少就應該得到丈夫多少的回報，自己那麼深愛他就該得到他一樣的愛。當時卻不知道自己這一愚蠢的行為，只是一廂情願的傷害了丈夫的心。

離婚後的她學會了溫柔、學會了付出、學會了寬容、學會了讚美。她告訴我，男人其實就是個孩子，只要妳用對待孩子的心來給予他溫暖，妳就會收穫加倍的愛。她說她現在感覺很幸福，新男友對她疼愛有

加，是因為她也學會了付出，不再計較愛情在兩個人之間的得與失。

　　相愛的人只要讓對方感覺到自己給他（她）的是溫暖、是感動就好了，根本不用擔心他（她）感覺不到，不要逼他（她）為妳（你）改變什麼。人生苦短，放愛一條生路，也放自己一條生路，有愛就好好的經營，好好的把握，實在沒有愛了就瀟灑的分手，不要埋怨也不要痛苦。用心去思考一下失敗的理由，對待舊愛拿得起、放得下，下一站才是你航程的新起點，幸福其實就掌握在你自己的手中。

　　當愛情或婚姻亮起紅燈時，好好想想，究竟是怎麼了，為什麼當初美好的感覺沒有了，想想如何才能找回那美好的感覺。如果真的到了非分手不可的地步，那麼也請你能從容淡定的面對。既然兩個人在一起都覺得很累、都不開心，那麼就沒有理由不放愛一條生路。

　　愛情婚姻、事業生活其實都需要用心付出、用心經營，用你的智慧來面對一切。讓我們淡然、從容的走好人生的每一步，那麼快樂就會在我們的生活中釋放著甜甜的笑容。

第四章
君子之交淡如水

益者三友，損者三友。友直，友諒，友多聞，益矣。友便辟，友善柔，友便
佞，損矣。

——《論語·季氏》

交友的立場與原則

莊子有云：「君子之交淡若水，小人之交甘若醴。君子淡以親，小人甘以
絕。」這句經典的教益，是交友的無上準繩。

現實生活中，沒有人不需要友情，人人都需要朋友的關心。友情來自真
誠，來自無私，雖然沒有卿卿我我、甜言蜜語，卻會讓人感到像陽光一樣溫
和、像雨露一樣滋潤。朋友是可以一起打著傘在雨中漫步；是可以一起在海邊
沙灘上打滾；是可以一起沉溺於音樂的遐思；是可以一起徘徊於書海暢遊；是
有悲傷陪你一起掉淚，有歡樂和你一起傻笑……的夥伴

朋友不一定常常聯繫，但也不會忘記，每次偶爾想起，還是感覺那麼溫
暖、那麼親切、那麼柔情；朋友是把關懷放在心裡，把關注藏在眼底；朋友是
相伴走過一段又一段的人生，攜手共度一個又一個黃昏；朋友是想起時平添喜
悅，憶及時更多溫暖。

然而，現實中也有太多被朋友出賣的故事，狐群狗黨，見利忘義，在交友
的立場與原則上不得不提高警覺。對待朋友也要拿得起、放得下，不能拋不開
面子，來者不拒，最後落得被朋友出賣的下場。

第 *1* 節 選擇朋友不能一味拿來主義

有一個故事發生在情人節那天。

和女孩認識已經有一個月的男孩給女孩買了很多的禮物。在這一個月裡，他和她相處的很好，她為他洗衣服，和他一起聊天，談笑風生。男孩以為這就是他的終點，可是在那天出現了讓人尷尬的一幕。在女孩的公司，男孩把禮物給她的時候，她沒有接受，男孩沮喪地把禮物拿回他自己的宿舍，然後又到她的宿舍陪她。那年的情人節，正好是正月初三，公司裡面很多同事都回家了，偌大的公司有些冷清，男孩怕女孩一個人孤單就去陪她。

男孩推辭了許多的聚會來陪她，可是帶來的傷害卻是始料未及的。就在他和女孩聊天的時候，另一個男人走進了他和她的視線，來到了她的面前，當著他的面，送了一束玫瑰給女孩。女孩看著男孩的臉，收下了那個男人的玫瑰。男孩沒有想到自己一直以來當作好哥兒們的男人竟然會以這樣的方式出現在自己與女孩之間，腦海中出現的是男人剛到公司時，不論是在工作上還是生活上，男孩都盡自己的所能幫助他。當這樣的一幕出現在眼前時，猶如晴天霹靂打在男孩心上，他帶著撕裂的

痛，從容地離開了。剛才的輕聲細語已經讓男孩感到噁心。

男孩不帶任何感情色彩每天認真的工作。而那個男人卻很清閒，經常在男孩不在的時候，去找她聊天。許多好心的朋友都勸男孩抓緊點，可是，在男孩看來：愛情不是要靠長期監視得來的，而是需要用心去營造的。

也許就是男孩的天真讓他在友情與愛情上手足無措。

那天晚上，三個人在一起吃了一頓飯，男孩沒有吃飯，只喝了一瓶啤酒就醉了。吐了很多，一向酒量還算可以的他，沒有想到自己會那樣的狼狽。離開了飯店，一個人回到宿舍，打開手機和朋友聊了很長的時間，直到電池沒電了才結束。第二天，朋友開車把男孩接回去，朋友的心是相通的，他們不想看到男孩不悅，努力用各種方法去勸慰他。很長一段時間男孩的心情很壞，他用酒精麻醉自己，用香菸來刺激自己。這樣的情形有一個月的時間，在朋友的安慰和幫助下，男孩很快就從失戀的陰影裡走出來了。

這是一個關於愛情、友情的故事。故事中男孩的所作所為與男孩朋友的行為形成巨大的反差。在男孩感覺自己無力承擔的時候，他有一群朋友陪伴著他，「知我者為我解憂，不知我者問我何求」，正是這樣的一群朋友真心為他著想，男孩可以從壞心情中走出來。

人的一生當中，少不了朋友。有句話說得好，「朋友多了路好

走。」有朋友的幫助，在人生的道路上，就會少一些艱難與坎坷。但是，結交朋友，不能一時意氣用事，當時覺得此人不錯，就把他當作自己的摯友。還有一句話，「路遙知馬力，日久見人心。」時間是一個很好的見證。有些朋友只是一時的，隨著時間的流失，他們的名字，我們都淡忘了；有些朋友是一輩子的，時間越久感情就越深，即使一年不見面，相聚之時仍能談笑風生，一如從前。

選擇朋友，就好比用篩子篩東西一樣，不可以好的、壞的全憑拿來主義，全盤皆收。哲學上有一個觀點：揚棄，就是取其精華，去其糟粕。在選擇朋友問題上，需要有拿得起、放得下的態度，不可以採用拿來主義。如果你結交一個壞朋友，你多少總會受到他一點壞的影響；如果你結交一個好朋友，也多少會受到一點好的影響。

選擇朋友主要看人格的好壞，交友不可不慎，古人云：「近朱者赤，近墨者黑。」這個道理古今貫通。人的一生如果交上好的朋友，不僅可以得到情感的慰藉，而且朋友之間可以互相激勵、互相扶持，成為事業的基石。朋友之間，無論志趣上、品德上還是事業上，總是互相影響的。我們觀察一個人一生的道德與事業，都不可避免地受到身邊人的影響。從這個意義上，可以說選擇朋友就是選擇命運。

現實生活中，因為選錯了朋友而身敗名裂，甚至掉腦袋的事例也不在少數。諸如收下「鐵哥兒們」賴昌星54萬多元好處費的原中國福建省公安廳副廳長兼福州市公安局長莊如順等，他們最終走上斷頭臺，其中

一個重要原因就是交了壞朋友，受到了壞影響所致。

成為階下囚的莊如順坦言道：「說實話，我從來就沒有把賴昌星當成朋友。我理解的所謂朋友，不要說志同起碼要道合，我跟賴昌星談什麼？跟他談哲學？哲學兩個字是什麼他都不懂。跟他談體制？他懂得什麼？我覺得我跟賴昌星只能談很實在的問題：我要你辦什麼，你能給我哪些幫助。」

真應當感謝莊如順如此精彩的告白，他不但把自己的「朋友觀」詮釋的如此精確，更道出了時下瀰漫於人際關係中的極端功利風氣，選擇什麼樣的朋友，一切從極端功利的目的出發。今天你有錢有勢，我就是你最忠實的朋友，維護你、巴結你、利用你；明天你沒錢沒勢，我就是你的陌生人，遠離你、忘記你、拋棄你。

如今，許多人都有一個共同的感嘆：工作中再大的困難我們都不怕，就怕人際關係太難處理，真正的朋友太難覓。其中的緣由就像莊如順所說，朋友之間變成了相互利用、相互買通。朋友之交失去真情，人與人相處依附於功利，豈有不難之理！如果任此風蔓延，問題就不僅限於交朋友，進而會腐蝕人們的靈魂，敗壞社會的風氣。

慎交友，先要講「友道」，不能憑藉一味的拿來主義。友道之義在於真情實意，志同道合。當然，人是社會一員，越是走向高位，人際關係也越複雜。因為社會關係不僅僅是「友道」，而且要打上很多互相幫助、互相利用的印迹。對於身居要職的人來說，交朋友，要講原則，守

信念，面對利益，更要拿得起、放得下。

清末名人曾國藩說過：「一生之成敗，皆關乎朋友之賢否，不可不慎也。」如今拿出來品讀，仍覺得餘音繞樑，受益匪淺。

「相友可知人」，從莊如順之流所交的那些朋友，就可知道莊如順之流的為人。朋友之賢愚，只是外因，一生之成敗，關鍵還在自身。選擇，造就你的人生；選擇什麼樣的朋友，成就你什麼樣的人生。在朋友的選擇上，我們不可不慎之又慎，要拿得起才能放得下，不要一味的追求拿來主義。

世上沒有無緣無故的朋友。如果人做出各種選擇的原因可以用生理、安全、愛、自尊、自我實現五種需要來囊括，人際關係也就可以用利益來解釋──物質利益和精神利益。人們通常總是把由於物質利益而形成的關係排除在朋友之外，而精神利益的獲取，與人格構成有著密切的關係。我們先不談朋友的定義，而來談談不同定義下的朋友能給你帶來些什麼。不同定義下的朋友，就等於具有不同人格特徵的朋友，之所以這麼說，就是因為你從朋友那裡所獲得的內容，就可用於給朋友分類別、下定義。譬如說你的朋友善思辨，並且企圖以自己的想法影響你，這有可能是類似於「諍友」，或者其本身具有強大的穩定性，以及一定的樂群性，就有可能成為你生活上的堅強後盾。

怎樣結交朋友對一個人前途的影響很大，濫交朋友，自取敗壞，而交一良友，就會比親兄弟更親密。所以，如果一個人能夠很好的選擇朋

友，就等於可以很好的把握自己的前途。

結交同性的朋友要選擇，結交異性的朋友更應當選擇。如果你要避免在婚姻上出現失敗，第一步就必須小心結交異性朋友；不但小心選擇可以做朋友的異性，也要小心和他（她）們往來。這樣你就已經在婚姻的路上奠立幾分成功的基礎。

在選擇朋友的問題上，我們需要學會選擇。學會選擇，首先要學會放棄，拿得起、放得下才可以，不應該講求拿來主義，一味的來者不拒，應該選擇那些志同道合的人為朋友，在潛移默化當中，他們優秀的品德就會使你受到影響，在今後的人生道路上，你也會受益匪淺的。

第*2*節 如何與朋友交往

美國石油大王洛克菲勒曾經說過：「與朋友交往的能力也是一種可以購買的商品，正如糖或咖啡一樣。因而，我願意對這種能力付酬，而且酬金比世上任何知識和技術都多。」

不論你是一位商人，還是一位會計師、家庭主婦、建築師或工程師，如何與朋友交往恐怕是你所遇到的最大的問題。

在生活中，一個人可以聰明絕頂、能力過人，但若不懂得積極、熱心的來培養和諧的朋友關係，不論多成功都得付出事倍功半的努力。那麼，如何結交朋友呢？要有拿得起、放得下的心態，將對方放在第一位置，這是結交朋友的最好方法。

朋友關係的活動始終都是以人為對象的，故與人的交流是避不開的事情。人類天性至深的本質，就是渴求為人所重視。這裡不是說「希望」、「慾望」或是「渴望」，而是說「渴求」為人所重視。也就是說人的一種重要的需要就是得到別人的尊重，所以，在與朋友交往中，把對方擺在首位，讓對方時刻感受到你對他的尊重，他就會敞開心扉與你結交，而這也就宣告了朋友的出現。

如何贏得友誼呢？贏得友誼的最佳方法必須注意施予，而不是獲

得。因為，友誼應該是親自贏得的，而不是憑一時的吸引或哄騙。如果你想結交朋友，就要先為別人做一些事情，那些需要花時間、精力、體貼和奉獻才能做到的事。只要你真正地關心他人，就會贏得他人的注意、幫助和合作，即使最忙碌的重要人物也不例外。

　　為了讓自己成為受人敬愛的人，我們還必須培養一種「設身處地」的能力，需要用拿得起、放得下的態度來對待朋友並與之交往，也就是拋開自己的立場置身於對方立場的能力。只要能夠體恤對方的心情，同時積極地分享對方的心事，努力維持親密而和諧的關係，並談論些自然、生動的話題，我們就能夠成為受歡迎的人。

　　邁瑞是廣告公司的客服人員，加班到深夜是常有的事。一天，忙完案頭上的事，她伸了個懶腰，打開MSN，電腦螢幕上跳出一個對話方塊，「夜涼如水的時候，記得為美麗的妳，斟一杯滾燙的茶。」除了同事、朋友，邁瑞從不添加任何聯繫人。一個人專心加班的深夜，卻被這句溫情的話攪亂了心情。她「接受」了這個意外的朋友。對方建議，「有空見個面吧！」邁瑞反問道：「就這樣做最遠的而又最親近的人，不好嗎？」對方卻說：「真實地站在彼此面前時更好。」並馬上提議，一起過個別緻、快樂的周末，僅此而已。邁瑞終於同意：「好吧，我們一起挑戰現代盲約！」所謂盲約，就是指沒有目的性的約會，在你全無概念和準備的前提下，抱著多認識一個朋友的心態，將自己最放鬆、最

真實的一面表現給對方。

　　時代變遷，大家結交朋友、建立感情、與朋友交往的方式和心態也在發生改變。60年代出生的人普遍是本著一個固定的關係鏈來結交新的人群，比如朋友的朋友的朋友，在這樣的疊加之後才能產生出基本的信任，他們通常不會輕易地信任一個陌生人，更不會用「感情」來做為交易。也正因為如此，他們與朋友交往，很少會在生意場合或者社交場合期待結交朋友，更不用說盲約了。60年代的人認為，朋友對他們來說是非常私密的一部分，他們很難接受那種大張旗鼓結交的方式，也不會在陌生的場合唐突地結識一個人。那不是因為害怕或者危險，而是出於對自己朋友的尊重。

　　60年代的人過了30歲就很難再交到真正的朋友了，因為要保持一份相對單純的心境是非常困難的，而沒有這種單純的心境，就不太可能跟一個完全陌生的人開始交往。各個階段有各個階段的處世準則，在準則下交往讓人覺得安全，也覺得踏實。

　　傳統的方式固然踏實、可靠，但70年代以後出生的人，其新的交友途徑和交往方式也顯露了更多的可能與色彩。隨著社會環境的逐漸紛繁，社交成為一種時尚之後，認識新鮮有趣的人成為迫切的要求，這要求來自個人對世界的好奇與野心。年輕人不再把陌生人的搭訕當成一個別有用心的陷阱，也不再把接受陌生人的搭訕當成輕浮的行為了。人在

一種自信而善意的心態之下對另一個人展示著微笑，那確實是一種美好的溝通。

70年代的人會說：「交朋友交的就是一個有趣嘛。能玩在一起就別計較出處，計較那麼多幹嘛？人生的煩惱都是掰著手指頭計較出來的。」

80年代的人開始出發的時候，他們早已不再把跟陌生人接觸當成一種嚴肅的使命來完成，他們把這視為非常自然的事情。從網路到社團，從街頭到聚會，對他們而言確實是非常自然的事情了。談到他們的交往方式是不是不太適合時，他們會反駁說：「喜歡誰，就趕緊去認識他（她）。現在誰還等誰啊？多等一秒鐘，人家已經不在原地了。」

認識了馬上會分開，更多即時性的交往快樂著80年代人的每一分鐘。年輕人在遵循傳統方式的同時，更加強調了自己的主動性，這包括主動認識人，也主動離開人。就像邁瑞，盲約之後發現對方並不是自己理想中的朋友，就友好地道別分手。

阿拉伯傳說中有兩個朋友在沙漠中旅行，在旅途中他們吵架了，其中的一個還給了另外一個一記耳光。被打的覺得受辱，一言不語，在沙子上寫下：「今天我的好朋友打了我一巴掌。」他們繼續往前走，到了一片綠洲時，那個被打巴掌的差點在湖中淹死，幸好被朋友救起來了。被救起後，他拿了一把小劍在石頭上刻了：「今天我的好朋友救了我一

命。」

　　一旁的朋友好奇地問：「為什麼我打了你以後你要寫在沙子上，而現在要刻在石頭上呢？」

　　被救的那個笑了笑，回答說：「當被一個朋友傷害時要寫在容易忘的地方，風會負責吹散它；相反的如果被幫助，我們要把它刻在心裡的最深處，那裡任何風都不能吹散它。」

　　朋友間相處，傷害往往是無心的，幫助卻是真心的。忘記那些無心的傷害，銘記那些對你的真心幫助，你會發現這世上你有很多真心的朋友。

　　當你看到這裡，你感受到了什麼？

　　在日常生活中，就算最要好的朋友也會有摩擦，沒有摩擦的朋友不會是好朋友。為什麼會有摩擦出現？在這種摩擦中，你們會吵架，甚至會大聲呵斥對方。不要為了那些而煩惱進而與朋友疏遠，對此要拿得起、放得下，不要始終耿耿於懷。換個角度，朋友如果不是真心為你著想，何需如此的大動干戈嗎？

　　每當夜闌人靜時，我們望向星空，想起朋友的種種，總會看到過去的美好回憶。不知為何，一些瑣碎的回憶，總會給我們寂寞的心靈帶來無限的震撼。在心裡深處，有真心朋友陪伴著你，無論你走得多遠，遇到多大的困難，只要有事你說話，他們都會來到你的身邊，為你出謀劃

策，幫你度過難關。

俗話說，「一個籬笆三個樁，一個好漢三個幫」。人生在世，是離不開朋友，少不了朋友的友誼和支持的。然而，大千世界，魚龍混雜，友分益損。古人曾告誡我們：「君子先擇面後交，小人先交面後擇，故君子寡尤，小人多怨。」、「匹夫不可不慎交友。」可見，如何認識和選擇朋友，在與朋友的交往過程中是十分重要的人生課題。

與朋友交往，首先要慎交友。無論交什麼類型的人當自己的朋友，都要慎重。事實的確如此，一個人的朋友如何，對自身的發展往往起很大作用，這是一種看不見的潛移默化，薰陶感染的力量。

那麼，與朋友交往要選擇什麼樣的朋友最適宜呢？古人云：「益者三友，損者三友。友直，友諒，友多聞，益矣；友便辟，友善柔，友便佞，損矣。」就是說，與正直、講信用、有學問的朋友交往，會獲益匪淺；與獻媚奉承、心術不正、華而不實的朋友交往，會帶來壞處。這對我們今天如何選擇、結交朋友仍有啟示。一般說來，在現實生活中，我們與如下幾類朋友交往最有利。

一是摯友，指的是懇切、真誠，以感情和原則為準則的真心朋友。

二是畏友，就是能「道義相砥，過失相規」的朋友。即指朋友之間敢直言規諫，直陳人過，積極展開批評與自我批評的人。畏友可像一面鏡子，照出對方臉上的塵土與污點，可使自己即時發現並予以改正。

三是密友，就是能「緩急與共，生死可託」。即指親密無間，感情

濃厚，能與自己同甘共苦的朋友。

四是學友，指勤於學習或學識淵博的朋友。與學友交往可以增長知識，開闊視野，相互配合，截長補短，相互促進，互為鞭策。

在與朋友交往的過程中該如何對待呢？當我們經過審慎的選擇而尋找到了自己的朋友之後，如何確保彼此關係的和諧且健康的發展是大有講究和學問的。

一是以誠相待，就是出於真心，誠心誠意。對朋友最怕虛情假意，偽與周旋。朋友之間允許有各自的隱私，但毫無疑問，是否「無所隱瞞」，「隱瞞」多少，是衡量友誼的標誌。

二是信守諾言，互信不疑。「信」被古人奉之為人處世、恆久不變的美德之一。孔子說：「與朋友交，言而有信。」信，首先是信用，自己說到做到，一諾千金，言而有信；其次是信任，不無端猜疑。一個不讓人的人是很難與朋友交往的，一個總是疑心別人的人也是很少有人會與你交往的。

真正的友誼靠的是赤誠相投，而不在於甜言蜜語或重金送禮。至於以物質上的交換、肉麻的吹捧，互相利用，甚至爾虞我詐的小人之交，我們應把它扔到垃圾堆裡去。「君子之交」應經得起時間的考驗，經得起外界環境的考驗。

當然，我們提倡君子之交淡如水，並不是反對朋友間的禮尚往來和文明餽贈。從某種意義上講，朋友之間的「雪中送炭」或「千里送鵝

毛」等行為更能體現出朋友間交往的相互關心和友愛的心情。當朋友有困難時，鼎力相助，無私支援，這正是真朋友的表現。

父親的忠告

從前，有一個脾氣很壞的男孩。他的爸爸給了他一袋釘子，告訴他，每次發脾氣或者跟人吵架的時候，就在院子的籬笆上釘一根釘子。

第一天，男孩釘了37根釘子。後面的幾天他學會了控制自己的脾氣，每天釘上去的釘子也在逐漸減少了。他發現，控制自己的脾氣，實際上比釘釘子要容易得多。終於有一天，他一根釘子都沒有釘，他高興的把這件事告訴了爸爸。

爸爸說：「從今以後，如果你一天都沒有發脾氣，就可以在這天拔掉一根釘子。」 日子一天一天過去，最後，釘子全拔光了。爸爸帶他來到籬笆邊上，對他說：「兒子，你做得很好，可是看看籬笆上的釘子洞，這些洞永遠也不可能恢復了。就像你和一個人吵架，說了些難聽的話，你就在他心裡留下了一個傷口，像這個釘子洞一樣。如果插一把刀子在一個人的身體裡，再拔出來，傷口就難以癒合了。無論你怎麼道歉，傷口總是在那兒。要知道，身體上的傷口和心靈上的傷口一樣都難以恢復。你的朋友是你寶貴的財產，他們讓你開懷、讓你更勇敢，他們總是隨時傾聽你的憂傷。你需要他們的時候，他們會支援你，向你敞開心扉。」

　　與朋友的交往過程中，一定要拿得起、放得下，不要為一點小事就發脾氣，這樣你就很難與你的朋友再交往了。當然，當朋友發脾氣的時候，要想想他（她）為什麼對你發脾氣，靜下心來，想想你們之前的相處，想想他（她）在你有困難的時候對你的幫助。當你還在為不知如何調節與朋友的關係時，拿起電話，一句簡單的問候「最近還好嗎？」，就會讓你們一笑泯前嫌。

　　與朋友交往，說難也難，說容易也容易。用一顆包容的心去面對朋友，要拿得起、放得下，多站在對方的角度看待事情，你就會擁有更多真心的朋友。

第3節 在利益與友情之間

　　提及「利」字，人們的心態都變得相當的複雜。一面耳邊響起古人的諄諄告誡，「君子恥於言利」；另一面卻不得不承認，「天下熙熙，皆為利來；天下攘攘，皆為利往」。在這種迴避矛盾心態的作用之下，人們常常會在利益與友情之間為利益的佔有、分配、索取而苦惱，甚至最終被利字打敗。對此，我們更應該要有拿得起、放得下的心態，當利益在我們與朋友之間出現的時候，正確地權衡與把握。

　　麥克前幾年小有資本，朋友想要自己開辦公司，因資金不夠而向他求助。麥克當時的想法十分簡單，昔時在自己有難之際是朋友的幫助使自己的事業有所起色的，今日朋友有所需，當然要鼎力相助。他毫不猶豫地拿出自己的積蓄給了朋友，朋友當時十分感激，說要把麥克的名字寫在法人代表的行列之中。麥克當時並未加留意，只為自己可以幫上朋友的忙而感到開心。

　　幾年之內，朋友的公司大有起色。麥克的生活有些不如人意，想起朋友的話，他是他公司的法人代表，那麼是否自己可以分到些利潤呢？但轉念一想，這幾年，他並沒有參與行政管理，又礙於面子，難以向朋

友開口。

這樣的事例，生活中有很多。我們可以設想一下可能出現的情況：第一，麥克把自己的想法向朋友說出來。朋友念及當初的舊情，把麥克投入的資金歸還。不過，這位朋友心中必有不快，這幾年，公司的發展都是其一人打拼出來的，麥克並沒有在公司的發展上做過什麼。這樣一來，恐怕他們之間的朋友就做不了多久了。第二，麥克閉口不提此事，那麼他的心中就不怎麼好受了。當初是朋友自己提出把他的名字寫進去的，好幾年過去了，難道他就不該分得一些股份嗎？久而久之，朋友恐怕也做不成了。

那麼，當這樣的事情發生的時候，我們如何做會比較好呢？當利益與朋友之間發生衝突的時候，我們需要用拿得起、放得下的氣度來看待事情，「利益不過是一時的，朋友才是一生的」，如果當事人雙方都有這樣的想法與感觸，在事情的處理上，就不會這麼困難了。不要為了眼前的一點利益而失去了一個可能做一輩子的朋友。

對於身處市場經濟大潮中的企業，「利」字根本無從迴避。從有效配置資源，到組織生產經營，再到上市行銷，無不需要盤算獲利幾何。不用正確的態度看待「利」字，我們會無所適從，也會嚐到苦果。曾經一起艱苦創業的朋友又有多少因為利益而分道揚鑣，甚至反目成仇，我們不僅會有這樣的感嘆：只有永遠的利益，沒有永遠的朋友。分別多年

的朋友，再見面時大多數都沒有了共同語言。如果有共同語言，那一定是因為有利益，天天在一起的朋友終究會因為利益反目。所以，才有君子之交淡如水的說法。

當這樣的感嘆出現的時候，我們不僅會提出疑問，難道真的只能這樣嗎？

有一家公司，在創業之初，就明確了利益安排是不容忽視的前提，這些安排將決定企業的經營目標，決定誰來實施控制和如何控制，決定風險和收益如何分配等重要問題。公司總經理曾坦誠相告，「我們這個團隊大家都很『拜金』。」

其實，拜金不是壞事，只要不損人利己，如果每個人在合理的範圍內據理力爭，也就不會給其他人留下可趁之機，恰好形成一個相互制衡的穩定結構。

這家公司的團隊創業模式剛開始的時候並不被同仁所看好，結果經過四年的風雨打拼，既沒有分崩離析，也沒有在公司做大之後陷入利益的糾葛，該公司成立的當年銷售額就達6000多萬元，之後銷售額每年成長。

透過這家公司的事例，我們不難從中看出些什麼來。創業之初，人們心中常常充滿了「桃園三結義」式的豪邁，卻把真正重要的事情忽略

不計。而到了守業之時，卻往往因為利益分配的不均而不得不「割袍斷交」。共同創業時，我們不妨「先小人、後君子」，這樣的做法沒什麼不好，對待利益，誰都有自己的發言權，只不過，我們應具備拿得起、放得下的氣魄，在不傷害朋友的前提之下，把屬於自己的那部分利益據理力爭過來。以「小人心眼」錙銖必較地爭權奪利，再以「君子氣度」寬以待人共赴成功之約。這樣一來，在共同的奮鬥目標之下，誰都明確了自己的目標，朋友還是很好的朋友。

　　但是，在利益與友情之間，拋棄朋友甚至傷害、詆毀朋友的也大有人在，以龐涓為例：

　　龐涓和孫臏同是鬼谷子的門徒，也是最要好的朋友。龐涓先離開老師，當了魏國的大將，最初他懷著純潔的友情向魏國國君推薦了孫臏。可是龐涓不久就發現孫臏的才幹遠超過自己，可能被國君賞識而奪取自己的位置，他沒有鮑叔牙對國家和對管仲那種高貴的情操，當利益二字在一個人心中佔據了首位之時，在利慾薰心的主導之下，他決心採用冤獄的手段，排除孫臏。

　　於是，他命人告發孫臏謀反，當然是證據確鑿，然後再由龐涓虛情假意的一再哀求，魏王才勉強赦免孫臏一死，但仍砍斷了他的雙足，以防他逃亡。從此孫臏不能走路，只能在地上爬行。龐涓之所以沒有殺孫臏，是為了要他寫出記憶中鬼谷子所傳授的一部兵法。孫臏被蒙在鼓裡，感激老友的救命之恩，當然願意寫出。

　　但寫了一半，孫臏發現了被陷害的真相，他在知曉他是被自己昔時好友、同門學藝的龐涓所害之後痛心疾首，他心裡清楚重要的是需要逃出魏國。他開始裝瘋賣傻，啼笑無常，有時候甚至連屎尿都吃下去。等到龐涓的防範稍微鬆懈，孫臏就逃回他的祖國齊國，被齊國最高軍事首長田忌任命為軍師，作戰時他不能騎馬，就坐在特製的車子上指揮。

　　西元前431年，魏國再次發動了第二次侵略戰爭。由太子魏申親自擔任總司令，龐涓擔任參謀長，進攻韓國。韓國向齊國求救，田忌、孫臏仍然使用攻擊敵人所必救的老戰略，統率齊兵團再度進入魏國本土，直指魏國的東方重鎮大梁（今河南開封），並在馬陵道（今山東陽谷西南）佈　下埋伏。魏兵團不得不回國應戰，結果又第二度大敗，魏申被俘並且自殺，龐涓在黑夜中被引到一棵上面寫著「龐涓死此」的大樹之下，當他命衛士燃起火把，查看上面寫的是什麼的時候，伏兵藉著火光，萬箭俱發，把他給射死了。

　　龐涓是一個典型的卑劣人物，他臨死前絲毫沒有對他的負義行為感到慚愧，反而詬罵孫臏僥倖成名。

　　龐涓在利益與朋友之間，毅然決然地選擇了利益，為了自己的利益與地位，他不惜以迫害自己的同門摯友為代價，但是，他也為此得到了更為慘重的報應：以害人始，以害己終。有道是「利」字身上一把刀，不但失去了朋友，而且也丟了自己的性命。

　　何為利益？說白了不過是金錢、身分和地位。在擁有了這些之後，

你能夠生活得更好一些。但是，如果是在傷害甚至出賣了朋友之後才得到了這些，那麼，即使你生活得再好，你覺得自己是真的快樂嗎？你就不會備感孤獨嗎？或許你會得到很多人夢寐以求的成功，但是你孤零零的一個人，即使成功了又如何呢？在你的心靈深處難道就沒有深深的自責與愧疚？

我們做為一個個體的人，在這個社會上並不是孤立的，在我們需要傾訴與聆聽的時候，我們會去找自己的朋友，他們給予我們寬慰；在我們工作上出現難題，感到困惑的時候，是朋友在給我們出主意、拿點子；在我們取得功績，感到高興的時候，我們會與自己的朋友分享。朋友如醇酒，味濃而易醉；朋友如花香，淡雅且芬芳；朋友是秋天的雨，細膩又滿懷詩意；朋友是十二月的梅，純潔又傲然挺立。朋友不是畫，它比畫更絢麗；朋友不是歌，它比歌更動聽；朋友應是那意味深長的散文，寫過昨天又期待未來。

在利益與朋友之間發生衝突的時候，不要讓利益的誘惑沖昏了頭，利益是會給人帶來很多物質上的享受，但和朋友相比，可謂小巫見大巫，物質上的享受僅僅一時，當你顧慮重重、備感疲憊的時候，是誰與你分擔的呢？是朋友。我們要有拿得起、放得下的胸襟，不一定非得為了朋友而摒棄利益，凡事總有解決之道，可以在不損害友情的基礎上來處理事情，這樣，你所收穫的就不僅僅只有利益，在你成功的舞臺上，將會有你的朋友與你一同分享。

第4節　把不適合做朋友的人列入黑名單

　　傑瑞部門分配來了一個年輕人，傑瑞看他一個外地人沒有地方住，挺可憐的，就把他自己的單身宿舍讓給了年輕人。年輕人初來乍到，就得到傑瑞如此相待，心裡十分高興，很快二人便成了朋友。後來在工作中，由於是新人，傑瑞給了他諸多幫助，在他經濟困難的時候，還幫他度過難關。後來，因為這個年輕人心思活、腦子靈，待人接物很有一套，和主管關係搞得很不錯，很受主管器重，傑瑞也替他感到欣慰。

　　誰知道他竟然在主管面前造傑瑞的謠，說傑瑞的壞話。剛開始，傑瑞並沒在意，覺得他是年輕人，和他計較什麼。但是，傑瑞因為他的讒言，漸漸被主管疏遠了。而那個年輕人卻得到了主管的器重，很快當上了部門主任。傑瑞剛好也在他的部門裡，表面上他對傑瑞很尊重，但背地裡沒少給傑瑞的工作製造麻煩和使些小把戲。傑瑞幾次想發怒，但都忍住了，「大人不記小人過」，看他還能威風多久？

　　部門裡實行裁員，這個年輕人在暗中使勁，糾集了一幫人，背後做了許多工作，最後竟然把傑瑞給裁掉了。

　　傑瑞的落難自然很讓人同情，不過，他自己也有一定的責任。如果一開始他就站出來，揭露年輕人的謊言，情形也不會壞到這步田地，至於那個年輕人在製造麻煩的同時，也會有所顧忌，不會這麼的肆無忌憚。

　　小人之所以小人，都是給君子慣出來的。小人有一次得逞，他就會以為君子怕了他，於是就會更加的得意忘形，以致無所顧忌。如果小人的行為一開始就受到君子的有力抵制，他就會知道君子其實也不是好欺負的，言行舉止自然也會有所收斂。

　　君子的隱忍造就了小人的猖獗。這是個小人節節得志、君子步步敗退的時代，孔子曰：「君子有三畏，畏天命，畏大人，畏聖人之言。」君子有自己堅持的道德標準和價值判斷，故君子有所為有所不為。而小人則無所顧慮，見利忘義，沒有廉恥心和道德感，唯利是圖。面對這樣的小人，君子需要有拿得起、放得下的膽識，把這樣的小人朋友列入自己的黑名單裡，勇於揭露其劣行，自己應得的利益一定要自己去爭取，否則最終吃虧的還是那些保持謙謙君子風度的君子們。

辦公室的故事

　　凱瑞與麗雅既是公司同事，私底下也是很要好的朋友。然而麗雅在公司有個人人皆知的壞毛病，就是喜歡告黑狀，對此凱瑞覺得無傷大雅，並沒有太在意。前不久，與麗雅一起競選經理的劉小姐有幾天沒來

上班，麗雅就對老闆說劉小姐爛賭了幾天，所以無法來上班。老闆一聽大怒，立即炒了劉小姐的魷魚，麗雅順利當選經理。

不久，凱瑞遇見劉小姐，她對著凱瑞氣憤地罵老闆沒人味。原來，她懷孕流產，託麗雅給老闆請幾天病假，誰知竟被炒魷魚了。劉小姐的話讓凱瑞大為吃驚，更驚詫麗雅的為人。

週末，凱瑞畢業多年的老同學約定聚會，她便提前向自己的上司兼好友麗雅請好了半天假。中午，會計說上報的一組資料有誤，麗雅推卸到凱瑞的身上。凱瑞記得資料是麗雅給的，當場拿出保存的草稿細看，果真是麗雅的錯。麗雅頓時臉色陰得要下暴雨般，搶過草稿，撕得粉碎，然後當場宣佈：從今天開始，下班時間延長到8點，任何人不准以任何藉口請假！說完揚長而去。

凱瑞沒想到麗雅會惱羞成怒，不過心想請假在前，自己又與她是好朋友，她總不會太為難自己吧！5點半，凱瑞正準備走，麗雅發話，8點下班，天大的事也不能走！凱瑞很生氣，下班時間，所有單位都是人走巢空，根本無法對外辦公，麗雅這樣做擺明了就是浪費時間，純粹刁難人。

凱瑞壓低嗓門據理力爭，麗雅說話的口氣倒是越來越氣理直壯。凱瑞終於忍不住了，在公司第一次憤怒地大吼：「妳出爾反爾，假公濟私，告訴妳，別說妳不讓我走，就算是老闆炒我魷魚，今天我也非走不可！」一口怒氣出完，凱瑞揚長而去。

　　第二天上班，財務部讓凱瑞去結清薪資走人，不用說，這又是麗雅的「功勞」。領了薪資，凱瑞從麗雅幸災樂禍的笑臉前晃過。走在半路上，凱瑞忽然想到：為什麼她不念及朋友情誼，有膽在老闆面前顛倒黑白、搬弄是非，而我卻不敢為自己辯解？凱瑞立即決定轉道奔回公司，與老闆對個臉青面黑後，再乾乾淨淨走人。

　　凱瑞直接衝進了老闆辦公室，打斷他做事，老闆氣憤地問：「妳說過，就算是老闆炒妳魷魚，都要出去玩，有這事？」凱瑞咬著牙耐著性子把昨天的事前因後果全盤托出，之後很委屈地申辯：「她恃強凌弱、仗勢欺人，我是沒辦法才這樣說的，其實我非常珍惜這份工作。」

　　老闆瞪大了眼聽凱瑞說完，沉吟片刻說：「沒想到還這麼複雜，看來炒妳魷魚是個誤會，希望妳能不計前嫌回來工作。」凱瑞聽了，心裡頓時釋然。離開辦公室前，她輕輕對老闆說：「我遇見以前的同事劉小姐，她曾有幾天沒來上班，是因為懷孕流產，所以請麗雅幫她請幾天病假，沒想到您卻炒她魷魚，她說您沒人情味。」說完，轉身離去，留下老闆目瞪口呆張著大嘴坐在那兒吃驚。沒多久，麗雅被調到材料部負責倉管工作。

　　看完這個故事，你又在想些什麼呢？與上面傑瑞所遇到的情形相同，但是凱瑞的處理方式卻與傑瑞不同，得到的結果差異就更大了。「朋友一場，還是能忍則忍吧！」這樣的想法在傑瑞和凱瑞的心中都出

現過，不過，也正是這樣的想法把傑瑞給害苦了，他沒有凱瑞的膽識與勇氣。即使都是被炒魷魚，凱瑞也想把事情的原委說清楚，這是兩種完全不同的處事原則。

像上面兩個故事裡的年輕人與麗雅，他們和傑瑞與凱瑞都是同事，進一步說也都是朋友。不過，像年輕人與麗雅這樣的朋友，真的是害人不淺。遇到這樣的朋友，在認清了他（她）的本質之後，怎麼做才能捍衛我們的權益？他們既然都能夠不念及朋友及同事之間的情誼，做出卑劣之事，我們又何必顧慮他們的面子？面對著「當初的朋友，近日的仇敵」，我們絕對不可以心軟，如果你心軟了，你的權益就將會受到侵害，就像傑瑞一樣，只有生氣的份。面對這樣的朋友，難道我們就不該拿得起、放得下，堅決地把他們列入黑名單，大氣凜然地站出來，理直氣壯地揭露他們的種種惡行，使自己的權益得到保護嗎？

生活中，這樣的朋友大有人在，我們絕對不能心慈手軟，要堅決捍衛自己的權益，盡量遠離他們。正所謂「人心隔肚皮」，昔日同穿一條褲子的死黨，一朝反目，就成了刀劍相向的敵人，而來自最親密的人的傷害，往往是最致命的。在充滿誘惑與變數的娛樂圈，這樣的劇情更是每天都在上演，只不過主角會定時更新。明星們講究排場，身邊總會聚集一批「門客」，其中很可能會混進幾隻「披著羊皮的狼」，在他們毫無防備的時候，狠狠地從背後捅上一刀，讓他們破財或是名譽掃地。這些損失固然不幸，卻還比不上被身邊人出賣來得痛心。

防人之心不可無

美國少女偶像琳賽‧羅涵先前位於洛杉磯的家被破門行竊，損失總值約一萬美元財物，其中包括電視及光碟等電器。案發時，琳賽正在紐約拍攝新片，但她懷疑身邊的朋友有參與行竊。除了家被破門行竊外，琳賽有一次還發現隨身現金不翼而飛，經調查後才發現原來也是熟人所為。被偷怕了的琳賽無奈之下想出了個不太高明的辦法：在紙幣上留下記號。據悉，在美國，往錢幣上塗鴉算是破壞國家財產，會觸犯聯邦法令，但為了堵截身邊扒手，琳賽這次是豁出去了。

琳賽‧羅涵的好朋友派瑞絲‧希爾頓，也常與身邊好友發生衝突。她與歌手萊諾‧李奇的養女妮可‧李奇是多年的好朋友，兩人同是1981年出生，據說友誼可追溯至2歲的時候。這對「好姐妹」還合作了真人秀電視劇《簡單生活》，在劇中兩個嬌小姐一同穿州過省，在平民百姓家中及辦公之地搗亂。然而，卻傳出了兩人斷交的消息，希爾頓更直接坦言兩人已經絕交。雖然希爾頓最初拒絕透露交惡的原因，但愛出風頭的她禁不起媒體追問，終於露了口風。原來，希爾頓對於妮可‧李奇老向媒體暴露自己的隱私，感到十分不能接受，這是在出賣自己對她的信任。豪放如她，毅然決然的把妮可‧李奇列入自己的黑名單，絕不再容忍被身邊人出賣。

還有舒馬克在賽車場上叱吒風雲，在商場上他卻是個輸家。他竟

然被一個自己一直當作好朋友的銀行家特魯斯很輕鬆的欺騙。舒馬克一直把特魯斯當作一個值得信賴的好朋友，在籌劃一個世界性的國際汽車大獎賽時，舒馬克放心地將這項賽事的財務權交給了特魯斯代理。結果，他卻從舒馬克的帳上淨吞了六百五十萬歐元。特魯斯用這筆款子買了兩棟豪宅、四輛豪華轎車，還私藏了一百五十萬歐元在瑞士銀行。

該案的法庭發言人說，受騙的不只舒馬克一個人，特魯斯已經從他的客戶那裡詐騙了數額高達一千二百萬歐元，而受害者大多是那些把他當作朋友的體育界明星。

落入朋友所設圈套裡的，並不一定是當紅明星的專利，很多人都會遇到類似的事情。朋友之中有這樣行為卑劣之人，豈能讓人坦然面對？「若非你不仁，休怪我不義」，遇到這樣的朋友，沒有什麼好說的，把他們列入自己的黑名單當中，拿得起、放得下方顯人之本色。

第五章
駕馭成功的風帆

成大事者，不恤小恥；立大功者，不拘小諒。

——馮夢龍

成大事者不僅要有信心迎接成功，
更要能坦然接受失敗

成功與失敗就像一對孿生姐妹，從人類誕生的那一刻起，它們就攜手來到了世上。成功與失敗是歷史中的必然產物，人類的歷史就在成功與失敗中得以前行。

那麼，該如何面對與我們相伴相生的成功與失敗呢？

當你在工作中遇到困難時，當你在生活中遇到挫折時，當你在人生旅途中未能如意時，你是否除了失望與沮喪，別的一無所有？而你又是否意識到這失敗之中孕育著成功的種子呢？

人的一生，需要經歷許多坎坷和磨難，才會取得最後的成功，不經歷風雨，怎能見彩虹。綜觀人類歷史，那些出類拔萃的人，成功背後飽含著多少辛酸。他們之所以會成功，正是因為他們能夠正確的面對失敗，拿得起、放得下，坦然地接受失敗，從失敗中汲取教訓，最後才得以踏上成功之路。

然而，有些人有了顯著進步或取得卓越成就時，往往會掉以輕心，驕傲自滿，很容易被成功的喜悅沖昏了頭，失去從前謹慎的態度和冷靜的頭腦，以致功虧一簣，由成功者淪為失敗者，這都是因為他們沒有正確的面對成功，以致無法再駕馭成功的風帆，落得折戟沉沙。成大事者不僅要有信心迎接成功，更要能坦然接受失敗。所謂「失敗，不氣餒；成功，忌忘形」。

第 *1* 節 成大事者必先立大志

羅·布朗寧有句名言：「人類的偉大不在於他們在做什麼，而在於他們想做什麼。」每個人都渴望成功，不過，在你去做之前一定要先確立好你自己的目標，明白自己想做的是什麼。古人言：「成大事者必先立大志。」想要成就大事，就必須先樹立一個遠大的志向，並且要有拿得起、放得下的精神，為實現自己想要完成的事業不受外界的任何影響。而且不管在奮鬥的道路上出現多少艱難險阻，都不要放棄了自己最初的志向，要時刻提醒並激勵自己，相信自己絕對可以達成最初的志願。

有一天，一位小男孩因迷戀大海，而翻箱倒櫃地尋找爸爸的一本書。因為那本書上有記載如何製作一艘船的模型的知識。

書架上沒有，床頭櫃上也沒有，就連他父親平時存放上等蒸絲的地方都找遍了，也不見那本書的蹤影。萬般無奈之下，他像一隻小貓，鑽進了父母親的那張雙人床下。

喲，床下還真是糟糕，不但有灰塵，還結了蜘蛛網呢！但總算沒有白費，雖然沒有找到那本關於船的書，卻找到了一本《馬可·波羅遊

記》，是大旅行家馬可‧波羅親歷世界的散記，其中的很多情節深深地
吸引著他。小男孩子一遍又一遍地讀著它，簡直到了如醉如癡的地步。
甚至連找關於怎樣造船的書的影子都忘得一乾二淨了。

　　他的弟弟對此很是不解，趁他不注意的時候，偷偷地拿過來翻閱一
下，但在不經意間把書給弄破了。

　　於是，小男孩大發雷霆，差一點就要將拳頭砸向弟弟的屁股。

　　小男孩很羨慕馬可‧波羅的生活，從那時起，他便被美麗而傳奇的
故事所吸引，尤其是很希望到神秘的國度中國去，他很想知道外面的世
界到底會有多精彩。

　　於是，他從不在意別人的質疑與嘲笑，開始關注氣象方面的知識；
開始鍛鍊自己的身體；開始搜集一些關於探險方面的個案……他開始做
一個大膽的夢，那就是他想透過自己的努力向世人證明——最起碼能證
明，我們生活著的地球到底是什麼樣子。

　　為此，他的老師曾對學生們說：「我的一生能引以為傲的，極有可
能會出現一位偉大的發現者。」

　　最後，他被老師言中了，他真的成了「美洲大陸的發現者」——他
就是哥倫布。

　　哥倫布在出航的征途中遇到過很多常人無法預料的險境，但他從來
沒有放棄過自己想要完成的事業。為了遠大的目標，他以一種常人所沒

有的毅力，用自己的行動向世人證明了自己。如果當初他沒有確立自己這麼遠大的志向，恐怕在我們今天的歷史上，就沒有哥倫布這個名字了。

　　確定了遠大志向後，在實施的過程中往往會遇到各式各樣的阻礙，有些可以在自己的努力或朋友的幫助下很快解決，而有些就不會那麼容易。那麼，如何面對不容易的事物呢？放棄，當然是最好的選擇。但是放棄就等於放棄了你原先想要的遠大志向，讓自己變得庸庸碌碌，一事無成。想要成功，在面對難題時，內心除了自己的目標還必須要有拿得起、放得下的胸懷，不受其影響，跌倒了站起來，再跌倒再站起來……朝著目標一如既往的前進。只有這樣，才能讓自己每天都鬥志昂揚，並逐步化解難題。

　　有一位朋友，可以說是白手起家，靠著自己一直以來不懈的努力，今天他才有了屬於自己的公司，令人刮目相看的身分。

　　他曾經是一個不怎麼出名的大學裡走出來的畢業生，在一個魚龍混雜的商貿市場裡，靠著自己僅有的兩千塊錢，開始創業。每每提到那段歷史，他都有種不堪回首的神情流露出來，但是，他從沒忘記過自己走出校園時的志向，他一定要成就一番事業。

　　在舉步維艱的日子裡，吃著不冷不熱的速食麵，思考著自己如何才能實現自己最初的夢想，對此，表面的清貧，他都一直能放得下，不受

其影響。他說，每當這個時候，走出校園時的豪言壯語就會在腦海裡出現，他並沒有覺得自己多苦，相反的，正是這樣的處境更加堅定了他的信念。

他慢慢地積攢了一筆錢，開始著手創辦自己的公司。第一筆生意竟然砸了，那是他積攢了好幾年的收入，他有些心灰意冷。沉悶了好幾天之後，他決定重新來過，即使這樣的境地，他始終都沒有忘記自己最初的夢想，他這樣想，大丈夫拿得起也應該放得下，商場上出現這樣的情況並沒有什麼可惋惜的，也給了自己一個很好的警惕，不就是重新來過嘛，一定可以實現自己最初的志向的。

走到今天，他覺得自己可以成功，一直以來自己對自己的信心，相當重要。如果沒有這份信心，如果不是自己心裡的那個夢想在激勵著自己，他不會有這樣的成就。

成大事者，必須要有堅定的信念，這是一種自己對自己的肯定。一個有堅定信仰和志氣的人，他認為人生的全部意義就在於為自己的志向做出不懈的努力，只有這樣的人，才能夠最終達成自己的夢想。

一些有志者在別人嘆氣、洩氣、遊蕩宴樂的時候，卻收穫著耕耘的碩果：中國上海有位青年用了七年時間徒步環球旅行；有個廚師當上了空軍學院的英語教師等等。這些透過刻苦自學而成為發明家、企業家、科學家的又何嘗少啊！可謂：「有志者，事竟成。」

　　艱苦的環境有利於磨練一個人的品格，激勵一個人的鬥志，增強一個人的能力。立業先立志，立業需要的就是一種堅定的志氣，志氣是事業的脊樑。所以，每個想要有所成就的人，就必須要有一個堅定的志向。

　　1835年8月，馬克思就要在特利爾中學畢業了。畢業前夕，班上的同學都在談擇業的問題。有的想當官、有的想經商、有的希望做醫生、有的卻想當神父。

　　馬克思在他的畢業論文中卻提出了一個嶄新的思想。他在文章結尾部分寫道：「我們選擇職業所應遵循的主要指標，是人類的幸福……」

　　他的老師為這篇閃耀著偉大思想火光的論文大為驚嘆，在畢業證書上寫下「思想豐富，理解深刻」的評語。馬克思循著「尋找人類幸福」的偉大指標最終揭示了資本主義的本質，成為19世紀最偉大的思想家。

　　巴斯德在談到立志與成功的關係時，說過一句話，「立志、工作、成功，是人類活動的三大要素。」確立遠大理想，意味著事業成功了一半，古今中外，哪一個成大事者胸中沒有超乎常人的志向？無志之人不可能激起生活的層層浪花，也就不可能享受事業的種種輝煌。

　　西晉文學家左思，少年時讀了張衡的《兩京賦》，受到了很大的啟發，決心將來撰寫《三都賦》。陸機聽了不禁撫掌而笑，說像左思這樣的粗俗之人，居然想作《三都賦》這樣的宏篇巨著，簡直是笑話。即使

費力寫成，也必定毫無價值，只配用來蓋酒　子而已。

面對這樣的羞辱，左思覺得大丈夫要拿得起、放得下，他矢志不移。他聽說張載曾遊歷岷、邛（今四川），就多次登門求教，以便熟悉當地的山川、物產、風俗，並廣泛查詢瞭解，大量搜集資料，然後專心致志，奮力寫作。在他的房間裡、籬笆旁、茅廁裡到處都放著紙和筆，只要想起好的詞句，他就隨手記錄下來，並反覆修改。左思整整花費了十年心血，終於完成了《三都賦》。陸機在驚訝之餘，佩服得五體投地，只得甘拜下風。

還有，俄國著名化學家布特列洛夫，少年時代在學校讀書時，就對化學產生了濃厚的興趣，經常一個人在宿舍裡動手做實驗。在一次實驗的過程中發生了爆炸，嚴厲的學監把他關進了禁閉室，還在他胸前掛了一塊牌子，上面寫著：「偉大的化學家。」

譏諷和懲罰絲毫動搖不了布特列洛夫從事化學研究的偉大志向。經過不斷的探索和努力，終於在他33歲的時候，提出了有機化合物的結構問題的創見，被人們譽為「偉大的化學家」。這時他默默地說：「這個稱號在20年前是對我的懲罰，現在卻實現了。」

從上面兩個例子，我們不難看出，一個人想要成就一番事業，立志相當重要。左思與布特列洛夫在確立了自己的志向的時候，都受到了人

們的嘲笑，不相信他們可以成就出什麼來。他們並沒有因為這樣的嘲笑，而對自己的志向產生懷疑，面對這些嘲笑，因為他們能夠做到拿得起、放得下，反而成了他們的推動力，「誰說不可以，讓行動與事實來說話」。也正因為他們堅定的信念與不懈的努力，他們都證明了他們絕對可以。

　　立志對成就事業的重要性，還可以從人的主觀能動性，也就是精神因素所產生的強大作用上得以透析。

　　心理學家曾做過一個實驗：事先告知一組被判死刑的囚犯，他們將不執行槍決，而是被刺破靜脈，讓血從體內流乾而死。然後將死囚蒙上眼睛，綁上雙手，帶入一個特定的房間坐定，拿針在他們的手腕上比劃著輕刺一下（事實上並非真正刺破血管），然後輕輕地擰開一旁的水龍頭，讓水一滴一滴往下滴。十幾小時後，那一組囚犯先後停止了心臟跳動，這些囚犯在肌肉沒有遭受任何損傷的情況下死去了。

　　這個實驗說明了心理暗示能夠對人的身體產生巨大的作用，這是消極方面的例子。然而我們可以由此及彼、由反得正：心理暗示對一個人的遠大志向也會有相當大的影響力。

　　一個人每一次在心裡對自己說「相信自己可以完成」的時候，無非是在激勵自己，自己給自己打氣，給予自己信心與勇氣。卡內基有一句名言：「朝著一定目標走去是『志』，一鼓作氣中途絕不停止是『氣』，兩者合起來就是志氣，一切事業的成敗都取決於此。」想要成

就一番作為的人，在確定了自己的遠大志向之後，能夠做到拿得起、放得下，透過心理暗示經常提醒與激勵自己，那麼，不管遇到多大的風浪，相信你都能夠化險為夷，朝著你夢想的彼岸，努力去實現自己的志向。

第2節 勝不驕，敗不餒，方顯男兒本色

很多時候成功與失敗僅一步之遙，它們是緊密地連在一起的，人生就是挫折加成功，又挫折又成功……的一個過程。在人生的道路上，不論成功還是失敗，都要學會總結先前的得與失，然後再繼續前進。要知道人的一生不可能一直成功，也不可能一直都失敗，一定要有拿得起、放得下的心理準備，審時度勢，勝不驕、敗不餒，給自己找一個更好的切合點繼續努力。「勝敗乃兵家常事」，永遠保持一顆平常心，方顯男兒本色。

最後五分鐘

佛徠明是英國細菌學家。由他發現的青黴素拯救了成千上萬人的生命，他也因此於1945年榮獲諾貝爾生理學及醫學獎。當人們稱讚他對人類做出的偉大貢獻時，他卻平淡地說：「青黴素，那是我偶然發現的。」

1928年9月，佛徠明開始研究葡萄球菌。當時的研究條件很落後，實驗室設在一間破舊的房子裡，屋內潮濕悶熱，充滿灰塵。他的葡萄球

菌靠器皿培養，實驗過程中需要多次開啟器皿蓋，所以，培養物很容易受到污染。

有一次，他忘了把葡萄球菌培養物器皿蓋蓋上，幾天以後，他察看培養的細菌時，發現了一個很奇妙的現象：在器皿裡，細菌繁殖得很好，但在器皿口上堆積灰塵的地方，卻生長出了藍綠色的黴菌菌落，周圍的葡萄球菌被溶化了，變成了清澈透明的水滴。

佛徠明把這些黴菌分離開來，這種黴菌和生長在麵包上的黴菌很相近。佛徠明判定，黴菌釋放出的某種化合物至少抑制了細菌的生長，他為這種誰也不知道是什麼的物質取了個名字叫青黴素。

佛徠明培養了這種黴菌，並在其周圍培植各種不同類型的細菌。有些細菌長得不錯，有的長到和黴菌達到一定距離時，就不再向前發展了。很明顯，青黴素對有些病菌有影響，而對另一些則沒有影響。

1929年，佛徠明發表了第一篇關於青黴素的報告，但在當時卻沒有引起很大的迴響。第二次世界大戰爆發後，首相邱吉爾發現這種新的抗菌素對醫療傷員有著極為重要的意義，就親自打電話催促佛徠明趕緊進行臨床試驗並且應用。但佛徠明又面臨一個新的難題：培養出的青黴素對水質十分挑剔，溶入開水與冷水中都會大量的死亡。他利用各種液體做了無數次試驗都沒有成功。

這天，他把一壺水放在爐子上，電話鈴響了起來，他一接聽，原來是首相邱吉爾：「佛徠明先生，您的青黴素研究得怎麼樣了，我們士兵

現在急需啊！」

　　佛徠明答道：「我現在正困惑於把它溶解在什麼液體中。」

　　邱吉爾說：「我當然要鼓勵你，但我還是要用一句軍事上的用語要求你，我再給你最後五分鐘。」

　　邱吉爾雖然是一句善意的玩笑，但佛徠明的口中卻不住地喃喃自語：最後五分鐘，最後五分鐘！這時，他忽然發現鏡子上蒙上了一層水蒸氣，原來是爐子上的水開了。過了一會兒，水蒸氣變成了小水珠，順著鏡子流了下來。他靈機一動，馬上找來一根長管子接在壺嘴上，另一端插在一個放有青黴素的器皿中，不一會兒，蒸溜水滴滿了器皿，他拿到顯微鏡底下一看：青黴素沒有任何變化！

　　就這樣，青黴素開始在英美聯軍的傷員中使用，挽救了無數將士的生命。

　　勝利與失敗往往決定於最後五分鐘。在關鍵時刻，不可以忽略任何一點小事。一件小事的失敗，可能會毀掉由一萬件小事組成的成功，而一件小事的成功也可能引發由十萬件小事構築的宏圖偉業。不要放棄，成功也許就在最後五分鐘到來的一件小事上。

　　佛徠明經過無數次失敗的試驗之後，才找到了適合青黴菌溶解的液體。一次又一次失敗的試驗，並沒有讓佛徠明喪失信心，他注重總結每次試驗的得失。佛徠明最終的成功看似很偶然，不過，在這偶然背後他

又付出了多少不為人知的思考？成功不是偶然的，需要付出艱辛的勞力與努力，是在很多條件具備的情況下才能獲得，不可能一蹴可幾。成功需要有紮實的功底，還要加上一定的運氣。

在通往成功的道路上，會出現很多挫折與坎坷，也會面臨很多次的失敗，如果在失敗面前，你怯懦了、氣餒了，那麼你將與成功失之交臂。我們需要有勝不驕、敗不餒的氣度，拿得起、放得下的心態，冷靜而理智的思考，找到更好的方式與途徑，向成功走去。

驕傲埋下禍根

在直奉皖大戰中，張作霖的奉軍在追擊徐樹錚部隊的過程中，繳獲了剛從日本購進的大炮三尊、炮彈一百二十四顆，部隊一時鳥槍換炮，實力大增。本來，張作霖就輕視吳佩孚的直系部隊，對段祺瑞的皖系卻心存顧忌，這一場戰爭下來，自己損失不大，去掉了一個眼中釘，又獲得了大量最新的裝備，更是不可一世。

打了勝仗的張作霖進京後，儼然皇帝入京，傲氣十足。當時安福會成員逃的逃、抓的抓，內閣也已經解散，薩鎮兵以海軍部長之職臨時代理國務總理。張作霖進京，薩鎮兵自然率領城中政要出來迎接。張作霖不認識薩鎮兵，看到眼前這個衣著樸素，形象也不怎麼樣的人來迎接自己，根本沒把他當回事，一點面子也沒有給他。薩總理雖然心中怨恨，卻也無奈，只能把怨恨埋在心裡。

　　張作霖還不許吳佩孚參加會議，說吳佩孚地位太低，沒資格參加國事會議，後來經曹錕在旁邊替吳佩孚說話，張作霖也就沒多堅持，吳佩孚才得以參加了會議。吳佩孚雖然很生氣，不過他把這口氣給忍下來了，他心裡清楚這不是和張作霖生氣的時候，僅憑他的大炮就能把自己的部隊給毀了。

　　張作霖一時勝利所帶來的喜悅，使得他盛氣凌人、目中無人，也把失敗的禍根埋下了。後來在直奉戰爭中，由於軍隊內部的倒戈，致使張作霖以慘敗而告終。

　　直奉戰爭時，吳佩孚心裡十分清楚想要取得勝利，首先得把張作霖的大炮給解決了，於是吳佩孚派人去炮隊說項，只要把大炮對著空地，隨便亂放，把炮彈打光即可。這樣一來，張作霖失去了大炮的支援，只能全軍潰敗。當張作霖退到山海關近海的時候，薩鎮兵也逮到了出氣的機會，「凡奉軍入關，一律炮艦攻擊，打他個人仰馬翻。」張作霖只得馬不停蹄，一路跑回東北。

　　雖說「勝敗乃兵家常事」，但驕傲之心卻是導致失敗的重要因素。吳佩孚派人去說項，炮隊的士兵怎麼就那麼言聽計從？這與張作霖取得勝利之後驕傲自大、目中無人不無關係。進京之時，張作霖更不應以長相、衣著來看待人，薩鎮兵也就是在那時讓張作霖給得罪了。薩鎮兵後來在直奉戰爭中，逮到機會豈能不給自己出那口氣？

中國五千年文明史蘊含的內容之一便是謙虛為美，驕橫為恥。夏商時傳下來的《尚書》，西周時傳下來的《詩經》等等文史典籍裡，皆言謙虛之道，驕傲之害。

「功成而弗居。」這是《老子》中的話，勸人不要居功。

「三人行，必有我師焉。」這是《論語》裡記載的孔子之語。孔子是謙虛好學的典範。

「自貴而愈恭，家富而愈儉，勝敵而愈戒。」這是荀子的名言。

「滿招損，謙受益，時乃天道。」這是《尚書》中記載益勸說禹的話。「時」，通「是」。「天道」指的就是自然規律。

「滿招損」，人就像一杯水，太滿了就會溢出來；人也像天上的月亮，一旦自滿了就會走向缺損。我們不能自滿，自滿其實就是自毀。

兵法上說：「驕兵必敗。」

秦朝末年，楚漢相爭，自稱西楚霸王的項羽不可一世，根本不把漢王劉邦和韓信放在眼裡。導致他有了「別姬」之痛和烏江自刎，空留一身英雄氣。漢朝建立後，一時國泰民安。齊王韓信自以為了不起，目空一切，驕橫無比，野心勃勃，結果被呂后設計除掉了。南北朝時，南朝宋武帝劉裕很有作為，他曾帶領自己的兒子劉義恭出征。義恭英勇善戰，立下了戰功，武帝對他十分賞識。義恭原本比較謙虛謹慎，漸漸奢侈、放縱起來，後來又對別人盤剝無度，引起朝野強烈不滿，最後竟被

皇族所殺。

沈約在《宋書》中感嘆道：「戒懼乎其所不睹，恐畏乎其所不聞，在於慎所忽也。」強調了功臣必須戒驕戒躁，謹慎行事，不要放縱自己，忽視未想到、遇到、聽到的災禍隨時都可能到來。

「謙受益」，這是我們必須揣在心中的法寶。

相傳秦末漢初的謀士張良，從小心地善良，刻苦好學。有一次，他在橋上遇到一位老人，老人故意把鞋子弄掉到河裡，讓張良去拾。張良二話不說，馬上去幫他拾回來穿上。這樣一連三次，老人便大為感動，認為這個年輕人品德高尚、值得信賴，於是約好明天清晨在這裡見面。第二天，張良早早來了，老人已經在這裡等候多時，他把一部天書交給張良。所以，張良才在幫助劉邦打天下的過程中立下了汗馬功勞，成為千古名人。

「老吾老以及人之老，幼吾幼以及人之幼。」孟子的這句名言，也一直傳之不朽。四百年後的漢朝末年，朝綱不振，人心思變，群雄並起。博學多才的諸葛亮眼觀天下大亂，便在南陽躬耕壟畝，過著隱士的生活。劉備劉皇叔胸懷大志，能夠放下身段，與關羽、張飛三顧茅廬，謙恭地禮賢下士，終於感動了諸葛亮這位經天緯地之才，後來他鞠躬盡瘁地為劉備打下了蜀漢江山。

只有謙虛、謹慎的人才能取得成功，成就偉大的事業。謙虛，是君子風度，大海度量，是受人喜愛的高尚品行，也就會產生無形的凝聚力。居功自傲，倚才傲世，有了一點點成績就沾沾自喜，這樣做，就不能接納人、尊重人，還會狂妄地排斥他人，孤立自己，讓人在背後戳脊梁骨自己往往還不知道，進而造成重大的失誤，甚至會一敗塗地。

「謙虛使人進步，驕傲使人落後」，謙虛與驕傲，在哲學層面上是思維方式問題，是人際關係處理上的不同視角和方法。對個人來說，它又是人的胸懷大小的表現。在取得勝利的時候，不要盛氣凌人、驕橫無比，要明白眼前的勝利不過是一時的，想要有長久的不敗，那麼就需要平易近人、謙遜溫和，這樣才是勝者風範；失敗了，也不要灰心喪氣、迷失方向，要即時總結經驗教訓，相信自己絕對可以東山再起。

漫漫人生旅途，不管是成功還是失敗，需要保持一種平和的心態，拿得起、放得下，來迎接新的挑戰。

第3節 失敗是磨礪人生的最好試金石

　　成功，是人人都嚮往的；而失敗，則為人們所恐懼。一個人的成功往往是在失敗之後才能獲得，失敗是一劑清醒劑，能督促人獲得更大的成功。失敗並不可怕，可怕的是失去了從失敗中走出來的勇氣與信心。從另一個角度來看，失敗也是通往成功的一座別樣橋樑，面對失敗要有拿得起、放得下的達觀，學會在失敗中檢討自己的得與失，發掘導致失敗的原因，這樣，才能夠走向勝利的彼岸。

　　在人的一生當中失敗總會隨時出現，猶如結伴而行的朋友。失敗，需要反思。在失敗中反思，或許是件很難的事情，也正因為它的不易，失敗才能像一劑強心針，給予意志堅強的人磨練，給予永不屈服的人信心，所以說，失敗乃成功之母，它是磨礪人生的最好試金石。

失敗的總統競選

　　在美國歷史上，史蒂文生兩次競選總統卻兩次失敗。但他為人心胸開闊、風趣可親，從不因為自己的失敗而愁眉不展、一蹶不振，面對人們的譏諷，他用他幽默的語言加以回覆，這些都可以看出他的寬大胸襟與永不言敗的精神。

在他競選第二次失敗走出競選大廳時，人們紛紛圍攏過來，想看看這位又一次沒當上總統的史蒂文生是什麼狀態。有一個身材矮小的老太太好不容易擠到他的身旁，舉著一個本子說：「失敗的總統，請您給老太太簽個名吧！」

史蒂文生滿臉笑容地說：「當然可以，小姐，您說的老太太在哪裡啊？她為什麼不親自來？」他說著接過本子在上面寫了一句話：競選可以失敗，但總統不能失敗！

史蒂文生在競選總統期間，四處去演說，每當發現聽眾之中有兒童時，他總會問：「請問孩子們，有誰願意當總統候選人嗎？」幾乎在場的小孩子都會舉起手來。他接著又問：「美國總統候選人有誰想再當孩子的嗎？」說完之後，他自己就舉起手來。

聽眾對於史蒂文生幽默的問答，每每報以熱烈的掌聲。

1952年，史蒂文生第一次競選總統失敗。

1956年，他捲土重來。當時有位民主黨人寫信勸其放棄競選，信中說：「如今艾森豪威爾已決定競選連任，他是勢在必得，您與他競爭，無疑以卵擊石，何苦呢？」

鬥志旺盛的史蒂文生回信說：「來函敬悉，愛護之情，十分感激。我自當加倍努力，以回報您繼續支持我的競選。」他的回信充分表現出他屢敗屢戰、百折不撓的性格。

史蒂文生第二次競選失敗後，有一天他到芝加哥觀賞一個名叫「風

的遺傳」的舞臺劇。該劇的主角道格拉斯有一段臺詞為：「我很奇怪，一個幾乎兩次要當上總統，並且兩次備妥總統就職演說的人，不知心頭的感覺如何？」當道格拉斯說到這一段時，眼睛直望著坐在前排的史蒂文生。

落幕後，史蒂文生到後臺祝賀道格拉斯演出成功，並幽默地說：「您讀那段臺詞時，不必老盯著我看，以免我不在場時，您會悵然若失。」

史蒂文生雖然在總統競選中失敗了，但是他那樂觀的人生態度、幽默的語言、隨機應變的機敏都給人們留下了很深的印象。面對人們對他的不解與嘲諷，他不僅沒有生氣動怒，反而用他獨特的方式給化解了。如果沒有競選的屢次失利，史蒂文生就不會遇到這樣的挫折與失敗，也不會練就了這種坦蕩的胸懷，他在以後的人生道路中也就不會那麼出色。

挫折與失敗，是一個很好的訓練場，那些具有堅強意志與樂觀精神的人，就會在其中得到磨練。在一次訓練當中，雖然失敗了，不過相信經過這樣的磨練，他們會在以後的人生舞臺上變得更為出色與優秀。面對失敗，需要有拿得起、放得下的心態，把它當作對自己的一種考驗與磨練，如果可以用這樣的心境來面對，那麼，對人生將會有很大的助益。

　　世上少有一帆風順的事，而失敗卻時常會出現。綜觀歷史，那些出類拔萃的偉人，之所以可以取得成功，是因為他們能正確對待失敗，從失敗中獲取教益，進而踢開失敗這塊絆腳石，重新踏上成功的道路。

　　越王勾踐在失敗之後，臥薪嚐膽，勵精圖治，終於打敗了吳國；英國將領威靈頓接連被拿破崙打敗六次，他毫不氣餒，終於在滑鐵盧戰役中一雪前恥；偉大的發明家愛迪生，一生的失敗更是不計其數。他曾為一項發明經歷了8000多次失敗的實驗，卻並不認為這樣是在浪費精力、時間，而這8000次失敗使他明白這8000個實驗是行不通的。他們在一次又一次的失敗之後，仍可以鬥志昂揚地迎接新的挑戰，因為他們明白不可以讓失敗把自己給擊倒，失敗只能成為磨練他們品格的工具；他們能夠取得這麼傲人的成就，是由於他們善於在失敗中尋找通向勝利的最佳路徑。

　　失敗固然會給人帶來痛苦，但也能夠使人有所收穫，它既可以使人在工作中的缺點、錯誤表露出來，又可以引發思考，啟迪人逐步走向成功。面對失敗，需要學著在逆境當中重新站起來，當你重新站起來的時候，你就會發現，你與之前的你有所不同，意志更為堅定，信心更加充足，也更加與勝利緊接了。

　　世界上沒有人不曾經歷過失敗，是在失敗中沉淪，還是在失敗中奮起，這是每個人都應該好好思考的問題。既然不管你是沉淪還是奮起，你都不可避免的要與失敗碰面，還不如把每一次的失敗當作對你的每一

次考驗，用拿得起、放得下的心態沉著面對，這樣失敗就沒有你想像的那麼可怕，你也就沒有什麼好畏懼的了。

肖克利是參與半導體研究和早期電晶體發明全過程的重要科學家，並在每個階段憑藉他提出的有關理論和電路設計指導了研發進程。但由於歷史性的失誤而未成為第一個電晶體的發明人。

電晶體的研究是從肖克利的空間場效應理論開始的，但是這個理論未能被吉布尼和布拉頓的實驗所證實，於是巴丁提出了面型場效應理論，不但與實驗符合，而且很快根據這個理論設計成點接觸三極電子管，在1947年發明了點接觸電晶體。最後實驗階段，肖克利因故不在場，失去了發明點接觸電晶體的參與機會。

未成為第一個電晶體的發明者這個事實，在他內心深處留下了隱痛和遺憾。身為一個真正的科學家，他在這次失敗之後不是怨天尤人和嫉妒別人的成功，而是深刻反思自己失敗的原因，然後以頑強的努力接連做出更重要的一系列發明，用成功的事實在世人面前證明了自己的知識和能力，這樣的科學精神和態度是一般人做不到的。

他經過多年的反覆思考，終於解開他的空間場效應理論失敗之謎，發明了結晶體管和場效應電晶體，因此榮獲1956年諾貝爾獎，並提出了電晶體發明的「創造性失敗」的研究方法論，這是治學走向成功的必經之路，它做為一個重要的理論頗有啟示意義。

肖克利指出，在1947年12月他的空間場效應理論未被實驗證實，引出了巴丁的面型場效應理論，使點接觸電晶體得到發明，形成了從失敗導向成功的第一個案例。之後，藉助設置挑戰性的科學問題，點接觸電晶體變成創造性的失敗，他對這個挑戰的回答最終導致結晶體管概念，所以結晶體管是創造性失敗導向成功的第二個案例。事實上，他的空間場效應理論一時被面型場效應理論取代也是一次創造性失敗，當他把自己的空間場效應理論與結晶體管概念結合時，導致場效應電晶體的發明，這是再一次創造性失敗方法論結出的碩果，而成為電晶體發明中由失敗走向成功的第三個案例。

如果肖克利不是從創造性失敗方法中得出有益的教訓，在點接觸電晶體發明後放棄了自己的空間場效應理論，則結晶體管和場效應電晶體這兩個更重要的器件就發明不了，進而就會與諾貝爾獎失之交臂。由此可見，每個人應深刻認識成功與失敗的辨證關係，在遇到挫折時應找到失敗的原因，然後予以發展和改進，最後才能取得更大的成功。

把失敗當作一次海上衝浪運動，當海浪揚起的時候，也就是失敗考驗你的時刻。利用海浪的有利面，可以輕而易舉的戰勝它。失敗也是如此，在失敗當中也有對你有利的東西，在於你是否有發現它的眼睛，當你發現了它，並且很好的利用了它的時候，你就會有如魚得水的感受，它會把你變得更加強大。「應該笑著面對生活，不管一切如何」，我們

不僅要笑著面對生活，而且要從生活中汲取力量去戰勝失敗。

　　勇氣能改變一切，就像諾貝爾一樣，他除了發明了各類安全炸藥，還涉及更廣闊的領域，包括人造纖維、人造皮革、人造寶石等應用化學，以及光學、電學、機械學、槍炮學、生物學等。當然，在他實驗的過程中，面對過各式各樣的挫折與困難，但他從未因為一點小小的困難就放棄他一心想達到的目標。他的這種勇氣是在一次次的失敗當中磨練出來的，每一次的失敗，都是走向成功的基石。

　　勝不驕、敗不餒。由失敗走向成功之路的人，是偉大的。他們從黑暗走向光明，在走向成功之路的途中，會遇到一些困難，但他們不會被挫折打倒，而是勇往直前地向前走。「丘山積卑而為高，江河合水而為大」，在失敗當中勇於發掘問題，並且可以利用失敗走向成功的人才能夠實現人生的真正價值，爭取美好的未來。

第4節 放下包袱，輕裝上陣

隨著現代化生活節奏的加快，快樂指數已經成為金錢、健康之外的一個新的測量指數。於是，如何快樂起來、如何緩解生活壓力成為一個新的話題。

對於壓力，康橋大學的心理學家羅伯爾有一種說法：「壓力如同一把刀，它可以為我們所用，也可以把我們割傷，那要看你握住的是刀柄還是刀刃。」壓力是我們每個人必須應付的難題，一個懂得如何緩解壓力的人，不會讓自己被壓力所壓垮，不會讓自己深陷一種痛苦與不幸中，而是面對壓力能夠拿得起、放得下，將它巧妙地轉化利用，以利益最大化地汲取人生幸福。

如果真的有一把刀放在你的面前，你一定不會去拿刀刃，因為你明白那樣做會讓自己受到傷害，會很痛；你會去拿刀柄，這樣既不會讓自己受到傷害，還可以更好的利用它為自己服務。那麼壓力與包袱就如同這把擺在你面前的刀一樣，就看你如何看待與利用它。面對壓力，我們應該相信自己能夠拿得起、放得下，把包袱放下，找到它的有利面，輕裝上陣。

輕裝上陣是最好的準備

一個35歲的女人辭去工作，與丈夫、女兒一起，從臺灣移民到舊金山。她沒想到，到達舊金山後一家人會陷入生活的困境。

剛到舊金山時，女人的先生還要讀書，她只想盡可能、儘快地多賺點錢，可是她找來找去怎麼也找不到工作。面對生活的壓力，在臺灣一直過著穩定生活的她，不得不放下面子，去嘗試各種謀生手段。她曾給別人照顧過小孩、當過幫傭、在餐館做過服務員等等，但這些工作都只是臨時的，對於她的生活困境並沒有帶來多大的改善。

她沒有被困境嚇倒，依然積極、樂觀的努力著。一天，她發現有一家華人服務社正在招募社工兼秘書。看到招募要求上說的「樂於助人，善理人事，略懂英文，中文基礎好」等條件，好像就是衝著她寫的。可是她去了一看，嚇了一跳：密密麻麻的兩百多人在那裡應徵這一個名額，他們的背景都比她強。就在她想要打退堂鼓的時候，她又轉念一想：既然來了，我就填個表吧！出乎意料的是，在這兩百多人裡，老闆唯獨聘用了她。

她的那種積極、樂觀的心態，讓老闆在心裡默許了她。她與家人的生活雖有很多困難，她也時常感覺到生活的壓力，但她在家人面前總是很樂觀，她的這種樂觀面對生活的態度也影響到了她周圍的很多人。同時她還從自己的經歷中領悟到：身為一個人，最關鍵的就是要拿得起、

放得下，放下包袱，輕裝上陣才能贏得未來。

生活的改變會帶給人一種壓力，很多人都會覺得包袱好重，有種不堪重負的感覺。壓力不僅僅只能帶給人包袱的感覺，有些時候，壓力卻是一種發人深省的推動力。

石墨黑漆漆的，很不起眼，但在某種壓力的作用之下，石墨就會變成光彩奪目的金剛石。可見，壓力是可以產生奇蹟的。

法國作家巴爾扎克曾從事商業，但卻落得負債累累，當債主相繼上門討債的時候，他不得不日以繼夜的奮筆疾書，以償還債務，幾年中便寫出了幾十部長篇小說。如果換作其他人遭遇到這番困境，或許就會從此一蹶不振。巴爾扎克擁有拿得起、放得下的氣度，面對著這樣大的壓力與艱難的處境，他放下包袱，輕裝上陣，更加激發了旺盛的鬥志，才有了很多流傳至今的不朽之作。

有一個事例，用同樣的力量拉不同的弓，有的弓能將箭射得很遠，而有的弓卻折斷了。在相同拉力的作用下，為什麼有的弓就可以把箭射得很遠而有的弓卻折斷了呢？巴爾扎克說過一句話：「困難，對於弱者來說是一道深淵，對於強者來說，卻是一筆財富。」

面對困難與壓力，怎樣對待，一個人的心態是相當重要的。在當今快節奏的生活中，面對日益加重的社會壓力，努力調整個人心態，以健康、樂觀的人生態度去面對壓力，這才是最重要的。

曾獲得諾貝爾文學獎的川端康成，晚年愛上了一個花匠的女兒，女孩子常送花給他，送著送著川端康成就開始追求起這個小女生來了，甚至為她買了房子。但畢竟兩個人屬於不同的世界，小女生還是離他而去了。最後川端康成口含煤氣管自殺了，死前也沒有留下任何遺書。川端康成遇到情感挫折，沒能戰勝自己，而和他一樣同是大文豪的歌德也遇到過類似的事情，但是歌德沒有自殺，反而寫出偉大的抒情詩作品——《馬倫巴悲歌》。

中國有句古話：「人生不如意之事十之八九。」有如意之事必然有不如意之事，要拿得起、放得下，不必把一時的挫折看成是永久的不如意，放下包袱，輕裝上陣，就會發現「山窮水盡」之後必然會「柳暗花明」。

無論是面對情感還是其他生活上的包袱，都要拿得起、放得下。盡管拿得起、放得下，許多時候給人散漫疏懶、隨便放縱甚至是吊兒郎當、玩世不恭的感覺。但面對生活中的壓力能夠做到放下包袱卻能給人一雙飄逸空靈的翅膀。如果面對壓力不能使自己輕裝上陣，即使有飛天的本事也充其量是隻雞而不能做一隻振翼高飛的大鵬。

矢志不渝

倫敦有一位青年想成為一名作家，但現實總是與他作對。他只受過

四年教育，父親因負債被關進了拘留所。他12歲時便開始獨立謀生，白天為一家工廠貼瓶上的標籤，晚上睡在昏暗的小閣樓裡，即使這樣，他也還騰出時間來寫稿子，投寄到報社或雜誌社。最初由於文筆欠佳，均被退回來。但是，他仍舊鍥而不捨，終於有一篇稿子刊登了，雖然沒有稿費，不過他收到了編輯的一封鼓勵信。從此以後他就走上了寫作生涯，他就是舉世聞名的英國大作家查理‧狄更斯。

如果狄更斯面對困境沒有樂觀的心態和鍥而不捨的精神，他就不可能成功。

真金是從火中鍛鍊出來的，強者是在逆境中磨練出來的。「自古雄才多磨難，從來紈絝少偉男」，在艱難的環境中，會慢慢洗去養尊處優的氣習；在壓力與包袱面前，會逐漸磨礪出堅強的意志，學會在「黑暗中追逐光明」的自信和技能，可以使人的韌性、耐挫力和受挫力都得到提升，學會放下包袱，輕裝上陣，這樣才能在任何困難和挫折面前泰然處之，保持拿得起、放得下的樂觀，這是人生的無價之寶。

有的人眼睛總盯著自己，所以長不高也看不遠；總是喜歡怨天尤人，也使別人無比厭煩。沒有苦中苦，哪來甜中甜？不要像玻璃那樣脆弱，而應像水晶一樣透明、太陽一樣輝煌、臘梅一樣堅強。既然睜開眼睛享受風的清涼，就不要埋怨風中細小的沙粒。

我們是幸福的，生活在和平的溫室裡；我們是充滿挑戰的，勇於闖

蕩江湖；我們是飽含活力的，精神奕奕。有時候生活帶給我們的安逸享受太多，意志就會漸漸磨損。但是我們有時候並不珍惜現在的所有，只是一味嗟嘆傷心往事，精神空虛，為情所困。這時候，我們就需要用積極的、健康的、陽光的心態面對困難，「人是可以吃苦的，只要你能吃」，用這樣的一種心態迎難而上，不要把那些牽絆前進腳步的石頭想像得多麼了不起，要相信自己能夠扳倒堆積在腳下的一塊又一塊的巨石，翻越一座又一座的高山。

有個小和尚，每天早上負責掃寺廟院子裡的落葉。在冷颼颼的清晨起床掃落葉實在是一件苦差事，後來有個和尚跟他說：「你在明天打掃之前先用力搖樹，把落葉統統搖下來，後天就可以不用辛苦掃落葉了。」小和尚覺得這真是個好辦法就照做了，但第二天，小和尚到院子一看，他傻眼了，院子裡如往日一樣還是落葉滿地。

老和尚走了過來，意味深長地對小和尚說：「傻孩子，無論你今天怎麼用力，明天的落葉還是會飄下來啊！」

生活中很多人也常常和小和尚一樣，被無形的壓力所俘虜、控制著，他們企圖把人生的煩惱都提前解決掉，以便將來過得更好、更自在，活得無憂無慮。因此，他們仰天長嘆，鬱悶地看著天空。面對全新的生活，眼中充滿了困惑，遲疑之中，把學習、生活、業餘、實踐，都

搞得一塌糊塗，似乎進入幻境中夢遊般的懵懵終日，不知所事。很多事是無法提前完成的，過早地為將來擔憂，除了於事無補外，還會讓自己活得很累、很無奈，也會讓自己覺得非常失敗。

放下包袱，輕裝上陣是一種舉重若輕，拿得起、放得下，「不以物喜，不以己悲」，對榮辱得失不在乎、不當回事的能力。我們更應該重視自身而輕視外界的壓力，我們需要調節自身，彌補自身的短處，以便更好的適應外界。

放下包袱，輕裝上陣的能力，是人在毫無內心顧慮的生存狀態的土壤裡滋生繁衍出來的。而要內心無顧慮，我們只有不重外物，拿得起、放得下才能做到。

顏淵請教孔子：「我曾問一個駕技精道的船工，駕船是否可學？他說會游泳的人多練習幾次就會，會潛水的人即使從未見過船也能駕駛。請問先生這是什麼道理呢？」

孔子答：「會游泳的人幾次就會是因為他不在乎水的威脅，會潛水的人會駕船是因為他在水中猶如身處平地一樣自如。其實賭博的技巧也是一樣的，用瓦片做賭注的人自然輕鬆，用身上帶 做賭注的人就會擔心，用黃金做賭注的人，賭起來精神就緊張而沉重了，之所以拘謹，是因為看重了賭注，凡重外物必然因內心的顧慮而顯得笨拙。」

　　這故事明白無誤地向我們揭示：凡是我們看重的事，其實都是我們擔心又難以把握或無法把握的事。面對這樣的外物，我們是無法做到無所謂的。拿得起、放得下是建立在能力所及的能力的基礎之上的。

　　外物壓倒的是沒有能力的人。不被磁場作用的鐵塊肯定具備大於磁場作用力的份量，我們能指望鐵屑抵禦磁場的吸引嗎？不在乎水的威脅，是有在水中如履平地的技藝；有錢，才有了花錢如流水的落落大方；富翁無論如何也不會在意工資調整帶來的得失；身體健壯的人也不會像羸弱之人那樣害怕傷風感冒之類的小傷小病；搭車人再多慮也不會有走路人腳上起泡的那份擔心。只有拿得起、放得下，具備放下包袱輕裝上陣的從容，才能使自己擁有克服壓力的能力。

　　「放下包袱，輕裝上陣」是一種對外界無可無不可的認識境界。它更多的時候是自己給自己卸壓，是精神的自我安慰。它以一種「無造作、無是非、無取捨、無斷常、無凡聖」的心態對待自己以及自己所面對的壓力。想一想這世上多少事情的解決，不是靠自己給自己施加壓力才能完成。既然有這樣的認知，索性把生活中追逐功名利祿過程中的種種窘迫所帶來的壓力，看成毫無意義的負載而卸去，又何嘗不是明智之舉？這樣，我們就會擁有那份灑脫自如、隨心開適和豁達開朗，才能消除我們的煩惱和負擔，真正做到拿得起、放得下。

第六章
千金散盡還復來

不要尋求令人讚美的財富，應當追求這樣的境界：對財富正當地獲取，清醒地使用，愉快地施捨並能知足地放棄。
——培根

要做金錢的主人，而不是它的奴隸

「天生我才必有用，千金散盡還復來。」這是對金錢的實質最絕妙的寫照。有許多人每天都在為柴、米、油、鹽而操勞，為蠅頭小利樂而忘憂，更有甚者為金錢反目成仇。許多人都說金錢是身外之物，然而從古至今為金錢鋌而走險者不計其數。

那麼，如何能讓我們成為金錢的主人而不淪為它的奴隸呢？

很多人都會時常感到自己不快樂，羨慕小孩子的無憂無慮。其實，想要得到孩童般的快樂一點都不難，關鍵在於能否放棄那些不屬於孩童的東西。首先，對金錢就要有拿得起、放得下的勇氣。童年之所以快樂，是因為孩童的眼中沒有金錢。孩童也花錢，可是他們不知道為了得到金錢要犧牲體力、健康乃至自由；不知道為了得到金錢有些人甚至背信棄義、出賣靈魂。金錢在孩童的眼中只是一種大人常用來交換物品的紙張，只是一種不好玩卻可以換來玩具的玩具，孩童並不在意金錢這種玩具，所以他們才快樂。

千金散盡，可能對很多人來說，意味著辛苦積攢的努力將會毀於一朝。如果他們沒有勇氣面對這樣的打擊，不再相信失去的還會再來，就會從此一蹶不振、鬱鬱寡歡；如果他們對此有拿得起、放得下的氣魄，相信美好的生活將永遠屬於他們。

第 *1* 節 一隻手獲取金錢，
　　　　一隻手駕馭金錢

　　很多人覺得，錢很多才會比較快樂，錢多的確能夠讓人擁有較多的東西，不過，人是否快樂的關鍵並不在於金錢的多少，而在於會不會管理金錢，對待金錢是否能拿得起、放得下，是否在一隻手獲取金錢的同時，另一隻手能夠很好的駕馭金錢。有的人錢賺得不多，但總是夠用，而且生活得也很快樂；有的人賺很多錢，卻總是不夠用，並且生活得也不開心。

　　某大公司的董事長，有一回全家開車去郊遊，途中看到一個家庭，一家四口擠在一輛普通的小汽車裡，車頂上還捆著大包小包，他們也是要去郊外遊玩。雖然說一路上險象環生，但是他們有說有笑，其樂融融。而這個董事長一家的氣氛並不快樂，儘管有司機開著豪華轎車，車中有冷氣、冰箱、電話、音響和電視等樣樣俱全，但他的小孩卻一路上嘟著嘴，心不甘情不願地跟著大人出遊。擠在小汽車裡的一家四口與坐在豪華轎車裡的董事長一家相比，可謂相差懸殊，他們不像董事長一家人那麼有錢，但是他們卻比董事長一家人快樂得多。

　　金錢的多少並不是決定一個人快樂與否的標準。即使有再多的錢，要是不能夠駕馭金錢，同樣不能生活得快樂。離開了金錢，無法生存，更別談如何很好的生活了，不過，在擁有金錢之後，怎樣駕馭金錢以及如何理財就變得相當重要。

　　愛看武俠小說的人一定讀過古龍的《小李飛刀》及《流星‧蝴蝶‧劍》等書，這些書膾炙人口，而且都拍成了電影，古龍應該就此賺了不少錢，但他臨終時卻是窮苦潦倒，生活過得並不好；美國60年代紅極一時的搖滾巨星貓王普里斯萊，生前的所得可能比古龍多上千百倍，但去世時的景況並不比古龍好，所以，有錢人可能會因為不懂理財而生活困頓。兩位名人的結局是可以避免的。你也許不知道，貓王的女兒就是因為善於處理遺產，反而可以過著富足的生活。

　　快樂的關鍵在於正確的金錢觀。擁有了金錢之後，要更好的駕馭金錢，做金錢的主人，讓金錢服務於我們。面對金錢，一味的奢華無度，必然導致最終的荒涼窮困。我們需要有拿得起、放得下的胸襟，一隻手獲取金錢的同時，另一隻手很好的駕馭金錢，這樣才能夠生活得瀟灑豁達。

　　當下，很多人把金錢的多少做為一個人成功的標誌，也並不是壞事。這可以說是社會文明的一個進步，甚至是一個質的巨大飛躍。一個人財富的多少正是唯一比較合理，也是唯一可以定量地描述他對社會貢

獻出多少價值的指標。真正的問題是我們其中的大部分人並不知道金錢的真正意義和價值。而且他們是那麼忙於賺錢，以致於沒有足夠的時間來思考金錢的真正意義。

義大利有一句古老的諺語：「讓金錢成為我們忠心耿耿的僕人，否則，它就會成為一個專橫跋扈的主人。」

不幸的是，很多人讓錢主宰了他們的生活。那些過於處心積慮地想辦法讓自己獲得更佳經濟地位的人，在追求金錢的同時也讓自己被別人控制、羞辱並自甘墮落。另外，由於對金錢能為自己做些什麼的不現實的期望，也讓他們體會到各種消極的情緒，如嫉妒、失落、沮喪和幻想破滅的痛苦。更糟糕的是，許多人付出了自己一生的代價——健康，甚至生命來追求財富，卻忘記了或者從來也沒有明白過金錢的真正意義。

金錢只有當被用來改善了我們的生存狀態；只有當給我們的生活帶來了輕鬆寫意和開懷大笑；只有當實現了我們人生的夢想；只有當幫助了需要幫助的人們；只有當金錢真正變成了這些的那一刻，金錢的價值才獲得了體現，否則金錢就只是一些骯髒的紙張或者是銀行電腦中的一些符號。這個概念其實很淺顯，也很容易明白。但是，近幾年來，人們的財富在成倍地增加，有錢人越來越多，他們擁有的財富也越來越多，但周圍快樂的笑臉並沒有同步地增加。

我們對待金錢必須得拿得起、放得下，一隻手獲取金錢的同時，另一隻手要能很好的駕馭金錢。我們應該做金錢的主人，而不是它的奴

隸，否則，人們只能被金錢所左右，終日為金錢所累，更別談什麼快樂的生活了，更有甚者，在金錢的操縱之下，一步步走上了一條不歸之路。

遲來的懺悔

中國某紙業集團，它生產的紙張經常用於印刷書報。這是一家上市公司，1997年就在證券交易所上市了。而該集團總裁從17歲進入該造紙廠（該集團前身）從當扛料工、化漿工開始，一步步晉升為一名管理6000多名職工的企業領導人。

但是，如今該紙業集團昔日的輝煌已經不再，該集團總裁以受賄罪、鉅額財產來源不明罪被判處死刑，緩刑兩年。在財富不斷累積的過程中，他一步步淪為金錢的奴隸，被金錢掌控著。他在自己寫下的「悔罪書」中如此懺悔：「我對自己的所作所為進行了深刻的反思，並且不只一次地問自己：我要這麼多錢有什麼用呢？俗話說得好：錢是個燙手的東西，取之無道的錢，一旦東窗事發，錢就和災難聯繫在一起。」在七年當中，他收受、索取賄賂次數過百，累計金額達389萬餘元，另有480萬元的鉅額財產來源不明，涉案總金額達860多萬元。他一次受賄69萬元，相當於一個普通三口之家54年的開銷；他一年受賄154萬元，是一名月薪800元的工人160年的收入……而且那時候他怎麼能不要錢呢？他養著多名情婦，在其中一個身上的開銷就達160萬元！

　　有道是「物極必反」，好好的一個人辛辛苦苦從最基層做起才得到如此的成就。他在獲得金錢與地位之後，因為沒能做到拿得起、放得下，不但沒有很好的駕馭金錢，反而被金錢所駕馭，是金錢把他引向了自我毀滅，引向了罪孽深重的地獄。金錢是很好的僕人，但在某些場合也會變成惡主人。他貪得無厭地獲取的金錢，滿足了他的私慾、情慾、權慾，金錢確實成了他的「僕人」。可是到頭來這個「僕人」搖身一變當上了他的「惡主人」。他被金錢捉弄了，被自己的貪慾出賣了，如今悔恨也於事無補了。多少富豪成為金錢的奴隸，成名之人又嘆「高處不勝寒」，他們為了名利耗費了一生的精力，最終是生命中最純真的快樂已喪失殆盡，這難道不是可悲而蒼白的人生嗎？

　　所謂凡事都有正反兩面，金錢也是如此。當人們能夠很好的駕馭並且操縱著它的時候，金錢就會變成人們生活中的一個很好的調味劑，能夠讓人們感覺到快樂；當一個人被金錢所駕馭和操縱著的時候，金錢就變成了一個萬惡的始作俑者，把人帶進萬劫不復的深淵。所以，當面對金錢的時候，我們要有拿得起、放得下的心態，讓金錢為我們服務，這樣才可以讓我們生活得更加快樂。

守財奴

　　俄國著名作家果戈里在《死魂靈》當中塑造了一個守財奴普柳什金的形象。普柳什金是在金錢財富的不斷累積過程中逐漸淪為金錢的奴

隸：守財奴。他衣衫襤褸，家裡像一個堆滿破爛的舊貨店，倉庫裡的麵粉因收藏過久，硬得像石頭一樣，要用斧頭來砍才行，尼絨衣料腐爛到一碰就成灰。他把自己所擁有的一切緊緊地握在手裡，還不滿足，他每天在自己的村子裡滿街地轉，橋墩下張張，屋樑下望望，凡是落入他眼裡的東西，一隻舊鞋跟，一片娘兒們用過的髒布，一枚鐵釘，一塊碎陶瓷片，他都撿回自己的家，放在牆角的那堆破爛裡，他所走過的街巷都不用再打掃。

然而，普柳什金不是一個窮光蛋，需要靠撿破爛來維持生計，他可是一個大地主，他有很多錢，可是他又非常吝嗇。他是個猥瑣而貪得無厭、吝嗇到近乎病態的守財奴。像他這樣死守著金錢，而不懂得如何駕馭金錢的人，同樣也是金錢的僕人與奴隸。有了錢之後，不懂得如何利用它來改善自己的生活，使自己生活得更加快樂，那麼，即使擁有再多的金錢又有什麼用？

有一個故事：

在一個清靜的地方有座廟，廟裡住著一個遊方化緣的和尚。這個廟的香火很盛，經常有些人來上供一些好東西。這個和尚就把這些東西賣掉，慢慢地他積攢起一大堆錢。自從有了這些錢以後，和尚對誰也不信任，無論白天還是黑夜，他都把這些錢藏在自己的胳肢窩裡，從不拿出

來，生怕遺失或被別人偷走了。就這樣，無時無刻，他都感到心神不寧，痛苦不堪。

　　和尚的痛苦是因為他害怕他的錢一下子就沒了，致使他惶惶不可終日，他同樣不懂得在擁有金錢之後，如何駕馭金錢，利用金錢使自己快樂的生活。

　　某年的一個假日，一艘豪華遊艇正駛離港口，甲板上有一群歡樂的人們，他們正翹首期盼著即將到來的深海垂釣之旅。然而附近有一位釣魚的老人神情疲憊地說道：「當我有錢的時候，我沒有時間。現在我徹底有時間了，可是我又沒錢再像他們這樣去釣魚了。」

　　這是一種對生活的痛苦反思，對許多人來說這也確實是事實。和任何你所能想到的其他東西相比，金錢對我們生活的影響顯然更大。除非你能駕馭金錢，否則這種悲劇也可能發生在你身上。

　　金錢的確很重要，但要記住金錢僅僅是一種工具並且千萬不要為金錢而活著。不讓金錢來主導我們的生活，它只是一種工具、一種交換方式。要在獲取金錢的同時很好的駕馭它，這樣才能使我們獲得更好的生活。我們可以熱愛金錢，不過要有拿得起、放得下的心態，你就可以在一隻手獲取金錢的同時，另一隻手駕馭金錢，享受金錢，尊重它並使用它。合理地規劃你的開銷，還可以夢想擁有更多金錢。

第2節 總結過去、滿足現在、追求將來

窮人和富人

一個窮人遇上了上帝，上帝問窮人：「你為什麼貧窮？」窮人說：「我沒有錢。」上帝又問：「你有了錢就成了富人了嗎？」窮人說：「有錢我就能變成富人。」上帝給了窮人一百萬英鎊，讓窮人去做富人，並許諾他，如果五年之後他真的成了富人，那麼就再給他一百萬英鎊。

窮人拿了一百萬英鎊，先去富人區買了一棟高級別墅，又去買了一輛賓士車並雇傭了司機，又去商場購買了名牌西裝、內褲、襯衫，又到勞務市場雇傭了傭人，真正過上了富人生活，安心地等待著第二個百萬英鎊的到來。

兩年時間，富裕的生活花光了窮人的百萬英鎊，沒有錢再支付工資。在傭人和司機看來，再富有的老闆不給他們工資也是窮老闆，紛紛辭職不幹了。沒有辦法，窮人賣掉了賓士車，換了一輛豐田車，拿著錢又雇了些傭人和司機，為了五年後的百萬英鎊，他必須過富人的生活，出入高級娛樂場所，玩著有錢人玩的東西。

　　兩年過去了，高昂的富人生活費又讓他兩手空空，最後又賣掉了別墅，住進酒店，繼續過富人的生活，花天酒地，醉生夢死。

　　五年彈指一揮間，窮人如五年前一樣出現在上帝面前。他向上帝懺悔：「再給我一百萬英鎊，我肯定會珍惜，會勤儉節約的。」

　　「我說過，五年以後你成了富人，我再給你百萬英鎊。可是你現在依然是個窮人，你讓我怎麼辦？」上帝笑了，「當個富人有這麼難嗎？」

　　上帝最後提出的問題是窮人從來沒有想過的。

　　這個窮人在第一次得到上帝的一百萬英鎊的時候，他並沒有感到滿足，想著如何合理的利用這筆錢，而只是一心想著怎麼樣能像個富人那樣的生活，他的所作所為都是表面上的東西。兩年之後，當他把上帝給的一百萬英鎊花光了的時候，他都沒有想一想自己是不是做的不對，他沒有總結自己為什麼能在短短的兩年的時間裡花光了一百萬，也可以說，他對於自己所擁有的一百萬英鎊根本沒有感到滿足，還只是一心的想要得到上帝另外的一百萬英鎊。這就是他的「追求」，也正是這樣的「追求」，使他錯失了成為一個真正富人的機會。

　　也許你的過去相當富有，也可能你的過去很貧窮，總結過去，實際上也是在提醒自己，不論你是富有還是貧窮都總結一下，想一下為什麼會是這樣的。很多時候，你過去的富有與貧窮都是祖輩留給你的，你沒

有選擇的機會，那麼就對你自己的現在要感到滿足，只有當一個人感到知足的時候，他才會感到自己是快樂的。當然滿足現在並不是說要一味的沉浸其中，不管是富有還是貧窮，都需要拿得起、放得下，既然你沒有選擇自己過去的機會，不過，未來卻是掌握在你的手中的，你可以合理的利用自己現在的所有，追求你自己想要的未來。

所以說，在人生當中，我們需要有拿得起、放得下的豁達，總結自己的過去，滿足自己的現在，更好的追求我們的未來。

金錢只認得金錢

美國著名的《財富》期刊曾經在封面上登過一位年僅19歲的年輕人的照片。他叫詹森‧斯維斯彭，一位網站擁有者。他因為在投資家的資助下推出一個名叫「心想事成」的網站而一舉成名，在短短數個月內，網頁的點閱率達到了900萬人次。

這在美國是絕無僅有的，有人驚嘆：「難道他是下一個比爾‧蓋茲嗎？」

詹森在網站上獲益了上億美元的資金，成為美國的一位網路新貴。他陷入巨大的成功中，認為自己有非凡的能力，也能辦到一切事情。在當時許多人認為這絕不是狂語，因為他的成就甚至超過了當年的比爾‧蓋茲。有不少預言家也斷定他必然會累積巨大的財富，成為類似於比爾‧蓋茲那樣影響全球的人物。

　　不久，美國許多金融機構主動向他提供貸款，給予巨大的財力支援，他的公司很快上市。財富的累積量像雪球一樣越滾越大，從原來的1億多美元擴增到26億美元。這簡直就是一個財富神話。他成了美女、媒體追逐的焦點，他和世界級的超級模特兒拍拖約會，與大量的媒體接觸，甚至準備拍一部有關他的創業史的電影。與此同時他的生活也極盡奢華，短短幾年時間，他就花去了3.24億美元。

　　好景不長，美國股市風雲突變，詹森公司的股票從原來的每股168美元狂跌到2美元，公司宣佈破產。僅僅兩年後，他變成了一個身無分文的普通人。那些曾經與他熱戀的模特兒和像蒼蠅一樣追逐他的電影公司全都不見了。

　　詹森現在正四處籌款準備東山再起，但他發現，原來借錢竟然如此困難。沒有一家公司和金融機構願意借錢給他，這讓人覺得不可思議。最後，他從他的叔叔那裡借到了錢，他又設立了一個網站，但風光不再。

　　經過這樣一番大起大落，回憶從前，詹森說：「經過這些事，我終於明白了，金錢只認得金錢，它不會認得人。以前我失敗的原因是我總認為金錢是認得我的。」

　　雖然詹森失敗得很慘痛，但是他並沒有從此就一蹶不振，他具有拿得起、放得下的精神，勇於也善於總結自己的過去，故事結尾的那番話

就是他對自己起伏跌宕的過去很好的闡釋，他的金錢觀也因此而發生了改變，而且他的為人處世也會受到相對的影響。或許他對於自己的現在並不滿足，不過至少他承認這樣的事實，而且也清楚導致這種現狀的原因是什麼，不論他的將來如何，有一點可以知道，就是他會生活得更為坦然與達觀。

「雙金錢」的故事

從前，有一對農家夫婦，人們都叫他們為「雙金錢」。他們一不很有錢，二不姓雙，而是有一段故事。

這對夫婦有一個獨生子，名叫農田。農田長到十二、三歲時，常常跟著夥伴們到賭場去看大人賭錢。常言道：「跟著好人得好教，跟著壞人成強盜。」農田也想賭錢了。起初，他常念叨那些賭錢人的話「賭錢有來往，吃大不回頭」，還有「賭錢打牌乖乖仔，挖山種地哈膿包」。他想：賭錢的人會撈錢，得吃得耍又得閒，何必要種田。

有一天，農田把自己要去賭錢的想法對媽媽說了，還說要贏很多錢來養活全家。這事觸痛了媽媽的心，媽媽向他講起了「雙金錢」的故事：「我和你爸成家不久，你爺爺和奶奶就生病死了。為了料理這兩件喪事，家裡大大虧空，弄得我們走投無路。我們把家中僅有的一頭豬賣了，你爸爸就拿了賣豬的錢去賭。起初幾次，贏了很多錢，你爸高興，我也歡喜。人心是個無底洞，你爸又去賭，我也去了。記得我第一次走

進賭場，看到賭頭兩手拿的賭具——兩個金錢（雙金錢）。賭頭用食指和中指尖夾住金錢，先在桌上旋轉第一個，接著又轉第二個，馬上用木碗把旋轉著的兩個金錢蓋住，而後對著我們說：『你們這一雙和我這雙金錢比比？看誰旋轉得快、旋轉得久；看誰贏得多、輸得少。』我暗想無錢無膽量，怕死不進賭場，進了賭場，就要較量。我說：『等著看吧！』我們把希望寄託在那兩個金錢上。起初，我們還是一邊看，一邊暗猜，說也巧，我們看得也準，幾乎每次都猜中。都說賭錢的人心也狠，贏錢的人想多贏，輸錢的人心不服。我們也是這樣，身上的錢輸光了，還捨不得離開賭場，心想，死了就不怕肉爛。借錢又賭，輸了又借，我們把田地、房屋都輸光了，真是輸了錢財輸了心。我們在賭場混了三個多月，最後，回到家已經不敢進屋，因為房子已經輸給了別人。無處可去，我們進了『自己』房子借宿。後來，人家把房子拆了，我們就去要飯。一連幾個月，睡在路邊，站在簷下，早打露水，夜受風吹，受到別人的冷眼、謾罵和嘲笑。

　　在這樣顛沛流離的日子裡，我們深刻的感悟到：天大地寬，只要勤勞，就會有好日子。何必要賭錢？我和你爸爸就像賭桌上的那兩個金錢一樣，經過旋轉之後終於倒了下來。就這樣，我們得了『雙金錢』的外號。」

　　農田聽了雙金錢的故事，他想自己要是再賭錢，必然會走父母的老路，也會把自己毀了。他也明白了賭錢打牌眼前花，耕田種地才養家的

道理。他決心不去賭錢，並且牢牢記住了雙金錢的故事。

　　故事中的這對夫妻現在的生活並不很好，但是他們對此卻感到很踏實。對於過去的那段賭錢經歷，他們拿得起、放得下，勇於承認並且能夠從中汲取經驗教訓。當得知自己的兒子有想去賭錢的想法之後，還可以用自己的親生經歷來教育孩子，讓他懂得只有靠自己的雙手辛勤工作得來的東西，才能夠充實而快樂的生活。

　　人生在世，有許多人每天都在為柴、米、油、鹽而操勞，為蠅頭小利樂而忘憂，更有甚者為金錢的糾紛而反目成仇。都說金錢是身外之物，然而從古至今為金錢鋌而走險者不計其數。

　　有一個惡作劇的商人故意向結冰的河中扔下幾枚硬幣，逗得一個叫阿才的孩子奮不顧身地跳向河中。結果薄冰承受不住他的體重，冰裂沉河，阿才不僅沒有撿到硬幣，反而因冰河患了重感冒，在家休養了一個多星期。

　　在名利面前有些人往往會喪失理智，鋌而走險。他們沒總結過自己的過去，對自己的現在更不能感到滿足，也就不能想著怎樣追求未來。正所謂「人為財死，鳥為食亡」，名利對於人來講永遠是一種誘惑。名利有時候會令一個人的生活放射出美麗的光彩，但那不過是煙火似的燦

爛，站在人生的盡頭再回首，相信每一個人都會頓悟到名利如水自指縫間流逝，如雲煙在眼前飄散。

不可否認，人生在世，無法離開金錢；也不可否認，不管累積多少金錢，離開人世時一分也不能帶走。在賺夠了生活費用之後，仍一味追求金錢就會失去人生的價值，這時候需要有拿得起、放得下的心態，要明白人生在世，貴在富而有德；富而無德則會危害眾生，歷史上吝嗇的守財奴與揮金如土的暴發戶下場都是極其可悲的。

唐朝詩人李白在《將進酒》一詩中這樣寫道，「天生我才必有用，千金散盡還復來」，這是對金錢實質絕妙的寫照。

對於生不帶來、死不帶去的金錢，與其說是身外之物，倒不如說是天賜之物。一個人想要活得瀟灑豁達，就必須突破金錢的束縛，在總結過去的基礎之上，滿足於現在的生活，才可以更好的追求未來。以拿得起、放得下的心態來面對生活，積德行善，修心養性。廣積眾德者必將財源滾滾，大德之士命繫於天，衣食豐足而健康安泰。

第3節　有時候放棄金錢是另外一種獲得

一個村子鬧洪水，一個窮人便帶上家裡所有的吃的爬到樹上，而一個財主則帶了很多錢在身上。洪水許久不退，窮人憑藉乾糧活了下來，而財主卻被餓死了。在這樣的情況下，即使有錢恐怕也沒有地方消費，財主也正是因為不肯丟棄這些錢，最後連自己最寶貴的生命都給葬送了。金錢不是萬能的，有些時候放棄金錢會有另外一種收穫。例如上面故事裡的財主，在關鍵時刻對待金錢可以拿得起、放得下，能夠放棄金錢，那樣就能保住自己的性命，留得青山在，不怕沒柴燒，他還是可以再次擁有金錢。

金錢不能交換的東西

一對男女步入了婚姻的殿堂，在甜蜜的愛情高潮過去之後，他們開始面對日益艱難的生計。妻子整天為缺少金錢而憂鬱，悶悶不樂。有錢才能買更大一點的房子，買家具、家電，才能吃好的、穿好的。可是他們的錢太少了，少得只能夠維持最基本的日常開支。

她的丈夫卻是一個很樂觀的人，他不斷地尋找機會開導妻子。

　　有一天，他們去醫院看望一個朋友。朋友說，他的病是累出來的，常常為了賺錢不吃飯、不睡覺。回到家裡，丈夫就問妻子：「下次如果給妳很多的錢，但同時讓妳跟他一樣躺在醫院裡，妳要不要？」妻子想了想，說：「不要。」

　　過了幾天，他們去郊外散步。他們經過的路邊有一棟漂亮的別墅。從別墅裡走出來一對白髮蒼蒼的老者。丈夫又問妻子：「假如現在就讓妳住上這樣的別墅，不過同時妳得變得跟他們一樣老，妳願意嗎？」妻子不假思索地回答：「我才不願意呢！」

　　有一天，新聞報導說，他們所在的城市破獲了一起重大結夥搶劫案，這個集團的首腦搶劫現鈔超過一百萬，被法院判處死刑。罪犯押赴刑場的那一天，丈夫對妻子說：「假如給妳一百萬，讓妳馬上去死，妳幹不幹？」妻子生氣地說：「你胡說些什麼呀？給我一座金山我也不幹！」丈夫笑了：「這就對了。你看，我們原來是這麼富有：我們擁有生命，擁有青春和健康，這些財富已經超過一百萬，我們還有靠勞力創造財富的雙手，妳還愁什麼呢？」妻子把丈夫的話細細地咀嚼品味了一番，也變得快樂起來。

　　人的財富不僅僅是錢財，它的內涵很豐富。錢財之外還有很多很多，還有比錢財更重要的東西。如果要你在金錢與健康之間選擇一樣，你會選擇哪一樣呢？金錢是重要，但是沒有了健康的身體，即使有再多

的錢，也無福消受。打個比喻，如果你有胃病，但讓你去享用一桌價值200萬元的宴席，面對著滿桌子山珍海味、美味佳餚，可是因為你的胃病，你根本就吃不下或者是消化吸收不了，你會感到快樂嗎？絕對不會！然而，一個健康的人，哪怕他的口袋裡只有30塊錢，但是一碗麵他都能吃得很香、很高興。再比如說，如果常常有椎間盤突出的病痛糾纏你，那麼給你一張10公尺長的豪華大床，你同樣睡得不會舒服。可是一個身體健康的人，他就可以在任何地方倒頭呼呼大睡。

如果把健康的身體比做「1」，金錢、地位、名譽等就都是這個「1」後面的「0」，沒有了健康的身體，那麼後面這些不也都變成了零了嗎？現在面對金錢與健康，你又將如何選擇呢？不停的工作可以換來很多很多的金錢，可是你的健康卻也亮起紅燈。這個時候，我們要拿得起、放得下，賺錢的目的是為了什麼？不是為了能夠生活得更好些嗎？沒有了一個健康的身體，又何談幸福的生活，因此說，有時候金錢的放棄是另外一種獲得。「千金散盡還復來」，世間有很多人看不到這一點，許多煩惱也由此而生。他們難以與幸福結緣，卻常常要和不幸結伴而行。

千金不換

某個綜藝節目現場，女主持人氣勢咄咄地問一個男嘉賓，「你為什麼那麼在乎錢？」男嘉賓說：「錢能買到一切！」現場的觀眾譁然。

男嘉賓微笑地說：「我們做個測試吧！一個很簡單的題目，你的一個仇人愛上了你的女友，現在想要你退出，那個男人願意出一點錢來補償你。」

所有的觀眾都很不屑這種論調，男嘉賓緩緩地開出了第一個價碼：「5萬！」

現場的觀眾鬆了口氣，論點很統一：「5萬，簡直是瞧不起人，為了5萬放棄了愛情？更主要的是放棄了自己的人格。」

男嘉賓接著開出了第二個價碼：「50萬！」現場的聲音小了很多，一部分的人開始了自己的計算，過了一陣子，絕大多數男人依然選擇了否定，有個持否定態度的男人，他身邊的女友還很感動地看著他。只有少數的人接受了這50萬，其中一個人說：「自己沒有錢，父母辛苦了一輩子，臨老了生病沒錢醫治，為了父母放棄愛情吧！」

男嘉賓接著開出了第三個價碼：「500萬！」一半的男人沉默了，另一半的男人怯生生地說：「我要愛情。」這時，有個持否定態度的男人的女友有點呆住了。還有一個女孩站起來說：「如果一個男人肯出500萬，我想我沒有理由拒絕他。」沉默的男人選擇了金錢，500萬可以買一間房子，一輛車子，全家過上好日子，甚至可以開始自己的事業。

男嘉賓接著開出了第四個價碼：「5000萬！」全場譁然了，只有一個人依然選擇了放棄，他解釋道：「我的愛情是無價的。」

那位嘉賓最後說了一句話：「我相信愛情，相信所有的人性，所以

我努力的賺錢，我也很愛錢。我只是不希望我的愛情和人性受到別人的金錢的考驗。」

現場幾乎所有的人都選擇了金錢，那個人還是以前的那個人，他的為人和評價只是因為錢的變化而發生了改變。很多時候，我們都說愛情是無價的，但面對錢多錢少的時候卻又如此不同。

愛情如果是與金錢交換而得來的，那麼還能稱得上愛情嗎？有人說，被錢換走的不是愛情，而是一種所有權，這個時候愛情已經走了。不過，在放棄金錢的時候，未必就能夠獲得愛情。但是，有時候放棄金錢，你會獲得心裡的坦蕩，還有你的尊嚴。

在金錢與愛情之間，你又會如何抉擇呢？是否在擁有了金錢之後，就會獲得夢寐以求的愛情了呢？

如風的愛情故事

如風來自農村，在他高中畢業的時候，家裡的積蓄已經不多，為了不讓家裡負擔更重，進了大學，他就申請了助學貸款，還在唸書時他就在一家房地產公司兼職，他努力工作，逐漸從一個普通的業務員做到了店面經理。學業與工作的壓力讓他感到身心疲憊。這個時候，一個女孩走入了他的視線。她坦誠率直的個性深深的吸引了如風，他們無所不談，如風向他訴說自己在工作與學業上的煩惱，她總能夠安慰並且鼓勵

如風，這也使得如風心裡的陰霾一掃而空。隨著一天天的交往，聊天的內容也超越了普通朋友的範圍，後來他們建立了戀愛關係。

快過春節的時候，女孩因家裡逼婚，跑了出來。如風提出讓她和自己一起回家過春節，女孩同意了。他們一起回到了如風貧困的老家。女孩從小生活優越，被家人當千金大小姐般疼著、護著，可是她並沒有大小姐的脾氣。她喜歡吃辣，如風家幾乎不沾辣，她對此從不抱怨，別人問起她時她總說好吃。看到家裡的一些與她生活習慣不合的地方，她從不皺一下眉頭。如風的家人都很喜歡她，並且認同她。父親囑咐如風要好好對待女孩，並告誡他說，如果失去了她將是如風一輩子的損失。

回到城市之後，他們住在一起。如風雖然畢業，他還在那家公司上班。他去上班，女孩就在家裡做好飯等他回來。每次下班回來，一上樓，她就會出現在樓梯口，微笑著看如風。後來，如風工作的很拼命，工作佔據了他的大部分時間與精力，有些顧不了女孩。他害怕那種沒有錢、貧困的生活，他想透過自己的努力讓家人過上好日子。

這個時候，女孩懷孕了，如風覺得自己還那麼年輕，事業才剛剛起步，無論是金錢還是精力上都負擔不起這個孩子。在他的勸說下，女孩最終同意拿掉孩子。女孩一個人在一個偏僻的醫院裡，把孩子拿掉了，這個時候，如風為了能賺夠足夠多的錢開一家屬於自己的公司，他更加忙碌了。在女孩最脆弱、最需要他的時候，他卻沒有陪在她的身旁，這種傷害也許比身體上的傷害來得更加強烈，也更加持久。

　　女孩因為孩子的事情恨如風，最終離如風而去。如風現在擁有自己的房地產公司，雖然現在已經步入軌道，業績也越來越好，但自從女孩走後，他做什麼都提不起精神，覺得所做的一切都不再有意義了。他想要離開自己身處的城市，到一個新的環境裡開始新的生活。

　　故事說到這裡，不知看過之後你有何感觸。如風擁有了自己一直以來渴望得到的金錢，在追求金錢的道路上，他失去了自己的女友。現在他有錢了，可是心裡的那份深深的內疚與自責恐怕會伴隨他一生。如果當初對待金錢，他能夠拿得起、放得下一點，不是那麼強烈的想要有錢，多花些精力在女友身上，結果就會有所不同。有些時候放棄金錢也是另外一種獲得，比方如風，他就會獲得愛情，或許他不會有很多錢，但是，相信他會比現在開心、快樂很多。

　　學會放棄，相信在生活中很多地方都將得益匪淺，對於炒股的人就更是如此，因為在股市中太多的地方你要面對這樣的抉擇。買股票時，你等於放棄了以更低的價格買入的機會；賣股票時，你等於放棄了以更高價格賣出的機會。漫漫熊市，如果你不斬倉可能會面臨繼續擴大虧損的風險；如果斬倉就要放棄補回損失的希望。必要的時候，就得拿得起、放得下，因為在你放棄任何一個希望的同時，你也迴避了同樣存在的風險，獲得的卻是一份心安與閒適。

　　在股市中有許多關於執著的成功故事，其中一類典型的案例就是

多年堅持買入同一支股票，最終得到了幾百倍、上千倍的回報。但要清楚的是，在成千上萬的股票中尋找一支值得長期投資的股票，即使是專業的投資人士，也需要付出無數辛勤的工作，甚至只能做為一種理想。這對於一般投資者更是談何容易。不過，收集執著專注於一支股票而最終血本無歸的例子，相信遠比成功案例要多。學會放棄，對於一般民眾而言要遠比學會分析公司財務報表要容易，而且也更重要。因為學會分析可以幫助你賺錢，學會放棄卻可以幫助你保住本錢，對於老百姓來講，顯然本錢比利潤更重要。

面對金錢，我們要有拿得起、放得下的達觀，相信有時候放棄金錢也是另外一種獲得，我們就會得到健康、得愛情，獲得一份快樂生活的心情。

第4節 千金散盡還復來

在現實生活當中，有太多的人一朝得意，比方擁有了很多的金錢，成就了一番事業，當上了一個小官之後，一時得意忘形，揮金如土，當初如何辛辛苦苦才有了今日的成就早已忘得一乾二淨，開始了他們的純粹的享受生活。在金錢揮霍一空之後，悔恨莫及。其中的一部分人在這樣沉重的現實面前，萎靡不振，昔日的朋友早已不知去向，唯獨一個人搥胸頓足，始終不能清醒。而另一部分人則能夠振作精神，也正是因為有了這樣的一個經歷，使他們更加明白了金錢的含意與價值，向世人譜寫著一曲千金散盡還復來的樂章。

有這樣一個故事：

千金散盡還復來

男主人翁阿華是大陸人，國中沒念完就開始到社會上闖蕩，做販賣芭蕉、檳榔等小生意。由於他性格要強，人緣也好，生意做得相當不錯，沒用幾年時間，已經賺了二十多萬元。他很快迎娶溫柔又善良的妻子，日子過得很甜美。

隨著生意越做越大，他結交的朋友越來越多，形形色色。有一天，

197

他跟幾個朋友喝酒，其中有人誘惑他吸毒。在吸一次上不了癮的好奇心的趨使下，卻導致了他無法自拔的結果。

為了買白粉，阿華不僅花光了近二十萬元積蓄，還趁妻子熟睡的時候，把結婚時送給她的金項鍊、金戒指偷走變賣。兇殘的毒魔沒能奪走親人對他的愛，妻子流淚勸他：「只要你戒掉，再難也不怕！」為籌錢給他戒毒，柔弱的妻子到街上幹起裝卸重活，一次賺個幾百元。白髮鬢鬢的父母重新下田地做農務。

他是在勒戒所戒掉毒癮，在這期間，他看見一些「粉友」悲慘死去，最終也堅定了他戒毒的決心。毒癮發作的時候就用涼水猛沖腦袋，一次次頂住，最後他終於成功地戒掉了毒癮。

在親朋好友的幫助下，他又重新做起小生意，賣砂仁、佛手果，每月能賺三、四千元，很快還清了吸毒欠下的債款。後來他花十幾萬元，建起了一棟三層的漂亮樓房。

一個跑小生意的小老闆，曾因吸毒花光了近二十萬元的積蓄，如今，擺脫毒癮的他苦心經營，不僅還清了吸毒欠下的債款，還蓋起了一棟新樓，贏得人們稱讚。「千金散盡還復來」，有志者事竟成，小老闆用自己的經歷鼓勵「同路者」：只要有心，一定能找回美好的生活。

故事中的男主角能夠在一敗塗地之後，重新過上幸福生活，其中與家人一直以來對他的信任與關愛不無關係，不過，最可貴的是，他自身的那種拿得起、放得下的心態，吸食毒品上癮之後，家業敗壞在自己手

中，人們對他的鄙夷與唾棄，並沒有使他失去面對生活的勇氣，他靠著自己的堅強毅力與毒品做抗爭，並最終戰勝了毒魔。重新開始生活時的困苦，並沒有挫敗他想要重振家業的信念，也正因為如此，他也向世人揮寫了一個千金散盡還復來的感人故事。

一個人在沒有了金錢、一落千丈的時候並不可怕，可怕的是沒有了重新面對生活的勇氣與信心。這時候，就需要有拿得起、放得下的心態，要相信自己，最糟的情況不過是重新來過。

從頭再來

世界上的億萬富翁不在少數，但像美國地產大王唐納德·川普這樣的似乎並不多見。在短短20多年裡，他先是從一個毛頭小子一躍成為億萬富翁，之後一落千丈，成為身無分文並且背負數億元巨債的「破落戶」。然而，令人稱奇的是，「十年磨一劍」，現在他又翻身成了坐擁億萬家產的巨富。

現年57歲的川普從小就懂得如何賺錢。上世紀70年代中後期，從賓夕法尼亞大學沃頓商學院畢業的川普來到紐約曼哈頓闖天下。他把賭注押在房地產上，而當時紐約不斷拔地而起的摩天大樓成就了他的輝煌。20歲出頭的他就成了擁有20億美元的巨富。過早的暴富使川普目空一切，他出入豪宅、坐擁美女，生活奢靡，人送外號「粗俗的富人」。

不過，好景不常，到上世紀90年代初期，川普已幾乎瀕臨破產，個人債務高達9億美元，連他的午餐費也得受破產委員會有關規定的限

制，不能超過10美元。當時有很多都說川普不可能東山再起了。《紐約郵報》甚至刊登一幅漫畫，畫中被擊垮的川普正在行乞。

川普並沒有因為這樣的挫折與打擊而一蹶不振，他拿得起、放得下，總結過去失敗的經驗並且能夠汲取教訓，從頭再來。有道是「浪子回頭金不換」，重出江湖的川普比過去更強大、更富有、更聰明。身為「川普組織」的主席，現在他手下有1.8萬名員工，旗下著名的房地產包括：世界馳名的第五大道上的摩天大樓川普大廈和廣場飯店；可以俯瞰中央公園的川普大樓；新近揚名的川普國際飯店和大廈等。其他著名的房地產還有麻塞諸塞州貝德福德的七春大廈；佛羅里達州棕櫚灘上的高爾夫俱樂部等。在美國東部賭城大西洋城，三家世界級的飯店也用他的名字命名。可以說，以「川普」命名的紐約大大小小的建築比以「洛克菲勒」命名的建築還要多。

很多人對唐納德‧川普是又愛又恨。他本人對於人們的態度並不加以理會，經過一番大起大落之後他拿得起、放得下，重新以嶄新的姿態屹立在世人面前，同時他也向世人訴說著一個千金散盡還復來的「神話」，一個人只要肯努力，沒有什麼事是不可能做不到的。

金錢並非萬能，但是沒有了金錢卻是萬萬不能。一個人在擁有了很多很多的金錢之後，或許有一段時間會十分開心，因為他可以很好享受的生活了，不過，這種金錢所帶來的快樂很快就會消失，怎樣才能讓生活變得快樂起來呢？這已經是很多人關心的問題。

　　有人曾說過身揣萬貫家財離世的富人是可恥的。美國微軟公司董事長，億萬富翁比爾・蓋茲在南部非洲津巴布韋訪問時，宣佈捐資1億英鎊（1.68億美元）幫助防治肆虐非洲大陸的瘧疾，並重申將在有生之年將價值400多億英鎊的財富全部捐獻給社會。比爾・蓋茲擁有拿得起、放得下的胸襟，也明白千金散盡還復來的道理，把金錢捐給那些需要的人給自己帶來的樂趣要比自己獨佔它多出數倍，在享受這快樂的同時，人們也會對他本人與公司更加青睞。

　　比爾・蓋茲很小的時候就有這樣的的善舉。當年，一臉雀斑的比爾・蓋茲非常熱愛戶外活動，並參加了一個經常進行叢林徒步旅遊野營的少年組織「童子軍186部隊」。那時，他經常上街叫賣自己撿來的堅果，為自己的隊伍籌措活動資金。在一般人看來，他絕對可以吃了那些堅果，也可以將賣堅果的錢放進自己的腰包，但小比爾・蓋茲非常重視童子軍的活動，他每次都將賣堅果的錢如數上繳給自己的組織。

　　有如中國的孔融讓梨，比爾・蓋茲的善心是因為他從小就受到了家庭傳統的薰陶。比爾・蓋茲的父母經常自願參加一些平民事務組織做義務工作，並積極為西雅圖的慈善機構籌措資金。比爾・蓋茲的父母並不認為從事慈善事業只是大人的事，所以經常在一家人吃飯時討論這些問題。父母的言傳身教對年少的比爾・蓋茲產生了深刻的影響。

　　但比爾・蓋茲19歲中斷哈佛大學的學業、開辦自己的電腦公司後，他服務大眾的信念出現了搖擺。比爾・蓋茲的心就一直放在自己的事業

上，直到1994年他結婚以及6個月後他母親去世，他才重新開始審視自己的事業和人生。他想與父親合作，開始從事一家人深愛的慈善事業。比爾·蓋茲家建立的慈善機構以比爾·蓋茲夫婦的姓名命名，叫做比爾與梅林達·蓋茲基金會。起初，該基金會在比爾父親住所的地下室掛牌，現在已搬進西雅圖一座不帶任何標誌，很不起眼的兩層小樓。別看基金會外表看起來很寒酸，所有工作人員加起來大約只有200人，但它發起的一些慈善專案涉及的金額之大，經常令一些政府的援助預算相形見絀。

　　比爾·蓋茲最初從事慈善事業時，主要是向受援人提供資金購買現代化設備，如為西雅圖市的圖書館和學校以及非洲國家提供資金購買電腦等。但後來有兩件事使比爾·蓋茲受到了觸動，繼而改變了資助方向：一件是他在南非索韋托考察一個貧困社區時發現，他資助的電腦基本上派不上用場，因為對當地人來說，飢餓和疾病使他們的生存都成為問題，而電腦雖是個好東西，但救不了他們的命；另一件事是他透過1993年的世界發展報告瞭解到，每年有數百萬人死於一些可防治的疾病。從那以後，比爾·蓋茲就將幫助非洲國家預防疾病做為援助方向，至今他已經向非洲捐獻了10幾億美元。

　　幾年前，比爾·蓋茲家的基金會接管了總部設在倫敦的世界最大慈善基金——威爾卡姆基金，使基金會資產達到140億英鎊，目前已捐獻19億多英鎊資助發展中國家的衛生專案。比爾·蓋茲還帶著一行人前往津巴布韋考察農村醫療工作，並捐錢幫助當地人防治瘧疾。在津巴布韋

的一個農村診所裡，比爾·蓋茲抱著一個嬰兒，與一些媽媽們盤腿圍坐在蘆葦席上，詢問當地的醫療情況。此外，他還到博茨瓦納探訪了一些妓女，瞭解當地的性病傳播狀況，物色自己將要資助的專案。

比爾與梅林達·蓋茲基金會的負責人帕蒂·斯通斯法以前是微軟的行政管理人員，現在在基金會任全職工作，但分文不取。帕蒂·斯通斯法之所以可以無私無償的為基金會任全職工作，因為他擁有拿得起、放得下的胸襟，明白金錢是永遠也賺不完的，為何不在自己有能力與精力的時候，多為世界上更多在生死線上掙扎的人做點事情。

有道是千金散盡還復來，有再多的錢也未必能夠快樂的生活，比爾·蓋茲他們這麼做還可以在幫助他人的同時感覺到一種成就感，這種成就感是比擁有金錢更大的成績，那就是在幫助他人時所感受的那份快樂。

生活上，雖不可一味地崇拜與追求金錢，不過，即使自己因為種種原因失去金錢，也一定不能失去了面對生活的勇氣與信心，要拿得起、放得下，相信千金散盡還復來，只要你肯付出自己的努力，新的生活還是會在前面等著你。

家庭生活中的責任與寬容

　　「家和萬事興」是一條治家格言。家庭是社會組織的細胞，是社會結構中最基本的單位，億萬個家庭累積起來構成了我們的大千社會。家庭生活與社會生活密不可分，家庭美德又是社會美德的組成部分，因此有關家庭的價值觀念和文化傳統是保障社會有序運行的規則體系和重要的組成部分。

　　孔子以「和」做為人文精神的核心。《論語》云：「禮之用，和為貴。」、「君子和而不同，小人同而不和。」「和」的可貴之處，不僅有利於家庭，更有利於社會。

　　當然，在家庭生活中難免會有許多的波折。有些人對此就會以為家庭是拖累，是負擔，阻礙了自己的發展，最終鬧得家破人亡、妻離子散。怎樣能使自己的家庭過得和諧與美滿，我們不得不再提拿得起、放得下，面對家庭生活之種種只有做到這一點才能使自己的家庭美滿。家庭不但不會成為你的負擔，反而會成為你事業與生活的堅實後盾。

第七章
家和萬事興

幸福的家庭都是相似的，不幸的家庭各有各的不幸。

——列夫・托爾斯泰

當前，我們正處於社會大發展的變革之中，人與人、人與社會、部門與部門、地區與地區之間的關係都比以往發生了許多新變化，也出現了一些新矛盾。不論這些變化多大、矛盾有多複雜，都不會變更「家和萬事興」這一千年不變的祖訓。

21世紀是人類共同面臨文化衝突與融合的世紀，是不斷發生變革與轉型的世紀。我們每一位中華兒女，都應當牢記「家和萬事興」的格言，以實際行動努力建構和諧社會的新關係、新秩序，塑造健康有序的新型人際關係和家庭理念，達成整個社會的團結與共識，為中華民族的偉大復興而貢獻力量。

第*1*節 百善孝為先

「百善孝為先」，孝心是我們中華民族的傳統美德。父母在給予我們生命的同時，在我們困難時他們伸出無私的雙手，在我們痛苦時他們奉獻真誠的心，在我們失望時他們伴我們同行，是他們給了我們希望和溫暖。當那滿載著他們辛苦、坎坷與慈愛的黑髮已變成了一縷縷銀絲最需要親情呵護時，我們身為兒女的不論工作有多忙，都應該抽出時間，記得要常回家看看。

孝道，自古以來就是中華民族的傳統美德。做人，一個最基本的情感就是孝敬父母雙親，養親必孝，是對父母養育之恩的報償。

有一個故事：

一個老母親，因年老體衰而日漸喪失工作能力，其兒便千方百計想遺棄她。於是，狠心地背著她往深山裡走去。途中，兒子一路上都聽到老母親折斷樹枝的聲音，他心想，一定是老母親怕被遺棄後無法認路下山，因此在沿路做上記號。他不以為意地繼續往深山裡走。好不容易到達目的地之後，他放下背上的老母親，毫無表情地對她說：「我們就此分別吧！」這時，他母親卻慈祥地對他說：「上山的時候，沿途都有我

折斷樹枝的記號，你只要順著記號下山，就可以安然回家了。」這位老母親並不責怪兒子的大逆不道，反而沿途幫他做了記號，以使他在返家的路上不會迷路。這種慈母無比偉大的胸襟，終於喚醒了她兒子的良知，他趕緊向母親賠罪，又將她背回了家。從此，兒子對母親百依百順，善盡了人子孝養之道。

　　上面這個故事，不正驗證了一條千古名訓：「可憐天下父母心！」看了這個故事，讓人不免有些心寒，但仍感到欣慰的是，故事中的兒子殘留的一絲良知終於被母親無比的胸懷所喚醒。這就是母愛的力量！無論家中老人有多麼的不能自理、有多麼的需要我們照料，身為子女的都應該克盡孝道。

　　當今社會飛速發展，科技日新月異，年輕人的目光大都集中於金錢物質上，整天工作賺錢、賺錢工作，忙得不亦樂乎，根本無暇顧及自己的家庭、長輩和孩子。當然，努力使自己及家人的生活過得舒適一點，沒什麼不好的。但是，在發展經濟、發展自我的同時，有好多東西我們丟不得也丟不起，就如親情，它是人間最寶貴的財富，擁有它，就擁有了一生的幸福。另外，現代社會的一個很大的特點就是各種社會福利和服務機構日趨健全和完善，可喜的是，這意味著現代人可以更輕鬆自在地去發展自己的事業，獲得更多的利潤，但可悲的是，這樣一來，人與人之間的情感交流日益淡化了。身為子女的可曾想過，對父母來說再好

的養老院都不及膝下有子女相伴？

　　我們身為子女的，在想著賺錢的同時，也要想到自己的父母，是他們給了我們生命，是他們辛辛苦苦把我們撫養成人，沒有他們就沒有現在的我們。面對事業與老人，我們應該拿得起、放得下，丟卻一些賺錢的機會換得一些陪伴父母的時間。父母不能長久的陪伴著我們，為何不趁他們還健在的時候，多抽點時間陪陪他們呢？

　　「孝」字寫起來很容易，但做起來卻需很大的文章。中國自古就有「百善孝為先」的訓誡，其現實性和真實性不能不讓人認同，同時也是幾千年文明古國的具體表現。

　　古時，有位貧窮將死的母親說死前想喝口肉湯，兒子從自己的大腿上割肉盡母願的故事；也有在天寒地凍的天氣裡，兒子每晚先為母親暖被窩的故事。幾千年下來，感天動地的「孝」故事很多。當然了，被千夫所指的也不少。就拿現代的，比如有些人連起碼的贍養義務都不盡。更有甚者貪污的贓款居多，本身工資也不少，卻從來對住在鄉下的貧困的、用乳汁餵大他被稱為「乳姐」的姐姐毫不關心。像這些連起碼的孝心都不具有的人，想成為有益於社會的人，在人生中成為有作為的人，實在是很令人懷疑。再現實點，以後自己為人父母時，又怎能讓後輩來孝敬你呢？

　　很久以前，有人問了一個很多人都被問過的問題：「你母親和妻子掉在水裡，你先救誰？」我想都不想就說，先救母親。那個人又加一

句，你老婆聽了肯定不高興。我笑著說，要是以後有人這樣問她的兒子，她兒子也這樣回答，她肯定高興。

父母養育恩，寸草都生輝。

養育孩子是雙親的天職，孝順雙親是兒女的本分。我們要存有孝心，關心年老的雙親。不認為父母養育之恩是必然的事，大家應該擁有感恩的心，拋棄中國人的含蓄及謙虛，大膽的向雙親表達愛意與敬意，讓雙方能互相尊重與愛護。

一個簡單的問候，就能讓父母感到無比的寬心。我們可別忘了如果沒有父母，就沒有今日的我們。因此，我們需要謹記「百善孝為先」這句格言。父母與子女的關係最密切也最複雜。兩代人思想與生活觀點上的不同，時常會令雙方產生誤解。我們的雙親不懂用美麗或經過修飾的語言來向子女們表達自己的想法，我們對此應該要拿得起、放得下。嘗試去關心父母，不要因為他們的嘮叨而埋怨他們，他們也都是為我們好。往往只有我們在外面打拼之後，才會瞭解父母親的一番好意。

曾有媒體向比爾‧蓋茲提問過這個問題，「您認為最不能等待的事情是什麼？」比爾‧蓋茲答：「孝道。」仔細想想的確如此，千萬不要等到無法補救的時候，追悔莫及。

李嘉誠的祖父是清朝末年的秀才，父親李雲經也受過很好的教育，以教書為職業。李嘉誠從小就受到家庭文化環境的薰陶，可是，3歲

時，祖父就去世了，從此家裡的經濟條件越來越差，生活越來越困難。父親幾次被迫丟下教鞭，到南洋去做生意，然而都沒賺到錢，最後還是回到家鄉來教書，艱難地維持著一家人的生活。李嘉誠很孝順，放學後常常到碼頭邊去撿煤屑。父親生了病，也沒有錢去醫院，還要堅持工作，有時候一邊批改學生的作業，一邊大口大口地吐血，使小嘉誠深感心痛。抗日戰爭爆發後，李嘉誠一家人離家逃難，先後在汕頭、惠陽、廣州等地流浪，經常露宿車站。父母和小嘉誠都不得不到大街上賣香菸、糖果、針線賺點錢，忍飢挨餓過日子，最後一家人逃到香港避難。李雲經積勞成疾，終於病倒在床。

1943年，還不到40歲的李雲經就離開了人世。剛上了幾個月中學的李嘉誠從此失學了。

在那兵荒馬亂的歲月，到處都是失業的人，李家寡母孤兒，就更難找到工作了。母親設法批發一些塑膠花去賣，每天只能賺到幾角錢，根本無法養活一家五口。李嘉誠是家中的長子，他不能不幫助母親承擔家庭生活的重負，所以到處找事情做。一位茶樓老闆看他們可憐，答應收留小嘉誠在茶館裡當燙茶的跑堂。16歲的小嘉誠，從此踏進紛紜複雜的社會，開始了頑強奮鬥的人生旅程。

南方人起得早，睡得晚，茶樓天不亮就要開門，到午夜還不能休息。小嘉誠也抱怨過自己的「命」不好，甚至希望哪天日本鬼子的槍走火，把他打死算了！但是他想到母親和弟妹，感到自己有責任為家庭分

憂，就是再困難也得拼下去。有一次，因為太疲倦了，他一不小心把一壺開水灑在地上，濺濕了客人的衣褲。當時他很緊張，等待著客人的巴掌、老闆的訓斥，可是那位客人反而為他開脫，不准老闆開除他。這件事給李嘉誠的印象很深，幾十年以後，當他成為香港有名的大富豪後，還感慨地說：「如果能找到那位客人，我一定要讓他安度晚年。」他還說：「這也是一次教訓，誰叫自己不謹慎？父親曾多次告誡我，要做男子漢，就要『失意不能灰心，得意不能忘形』。頂天立地的男子漢，第一是要能吃苦，第二是要會吃苦。」

百善孝為先，李嘉誠就是先從孝道做起的。現在，李嘉誠已經成為屈指可數的富人，也實現了他的夢想，讓自己的家人過上富足的生活。

孝既是人倫道德的基石，也是個人處世的基本修養，在人類歷史的長河中，它始終閃耀著不滅的光芒。古人云：「老吾老以及人之老。」一個人只有孝敬父母，尊重長輩，才能將一顆愛心推及整個社會，主動去關心、愛護和照顧別人。

在電視上看過一個公益廣告：兩位白髮老人除夕夜裡，張羅了一桌子的飯菜，等待子女們回家吃團圓飯。一會兒接到一通電話，這個孩子說自己有事，可能回不去了。那個孩子說自己工作忙走不開，不回家了。可是老人還是心存希望，把菜熱了一遍又一遍，仍在等待著，等待著。臉上的表情由剛開始的喜悅轉為憂愁。最後字幕打出：常回家看

看。

　　這個時候，你又在哪裡？身為父母，他們要求的並不多，傳統節日能夠回家和他們一起吃頓飯，他們會就感到十分高興。無論你有多忙，面對孝道都應該放下，常回家看看。百善孝為先，先從孝順父母做起，讓他們在有生之年能夠安享晚年。

第2節 子女是家庭生活的潤滑劑

　　有這一種說法，「沒有孩子的家庭是不圓滿的家庭。」孩子的到來會給家庭生活帶來很多的歡樂，在孩子的成長過程中，我們可以分享孩子的喜、怒、哀、樂，自己彷彿又回到了孩提時代。白天被工作中的瑣事所累，回到家中，看到嬉鬧的孩子，煩惱一掃而空。有了孩子，生活增添了許多歡顏笑語。

　　當你工作忙得不可開交的時候，千萬不要忽視了子女。其實孩子要的並不多，他們只想和你一起玩耍嬉戲。在工作與家庭中，我們應該拿得起、放得下，留些時間給子女，在與他們玩的時候，你會感到很快樂。

快樂為本

　　王先生與妻子是在大學裡認識的，畢業之後，他們步入了婚姻的殿堂。婚姻生活一直都很和諧。每到週末他們都會去看場電影，妻子在結束了一週的工作之後會親自下廚給王先生做頓大餐。

　　在他們的事業直線發展的時候，妻子懷孕了。王先生十分高興，自己要做爸爸了。妻子則有一絲的擔心，她與丈夫工作的壓力已經很大，

哪裡有時間照顧孩子。王先生出主意，孩子小的時候會很吵，可以先送給他們的父母照顧，等大一些懂事了，他們的事業也都穩定了的時候，再接回來。妻子欣然同意了這個想法。

他們生了個女兒，不久之後，便按照之前商定的送到了父母家。他們每週都會到父母家看望孩子，只是隔的太遠，來去匆匆。後來王先生的事業大有起色，每天都在不同的城市之間穿梭，妻子的工作仍在穩步發展。一直到了女兒3歲的時候，他們才把孩子接了回來。

女兒上了幼稚園，有了很多新的小夥伴。每天放學的時候別的小朋友都是爸爸媽媽來接回家，而她卻是褓母來接。有的小朋友會問：「你爸爸媽媽怎麼不來接妳啊？」小女孩會說：「他們都很忙，沒有時間。」同時小女孩的神色由羨慕轉為憂傷。

有一次，褓母去接小女孩放學，她說什麼就是不回去，非要媽媽來接不可。褓母實在沒有辦法，就打電話給小女孩的媽媽。媽媽在電話裡說：「寶寶乖啊，媽媽現在很忙，妳先跟阿姨回家去，媽媽忙完了就回去。」小女孩哭得就更傷心了，「你們總是很忙，忙得沒有時間和我玩，沒有時間來接我回家。為什麼別的小朋友都是爸爸媽媽來接，而我總是褓母來接？他們的爸爸媽媽為什麼沒有你們忙？你們是不是不想要我了，小時候就把我送到外婆家，現在又不來接我回家。」

身為一個母親，聽到女兒這樣的話，十分震驚。王太太心想，她不過是一個3歲的孩子，怎麼會產生這樣的想法。顧不得許多，放下手裡

的工作，直奔幼稚園。看到眼睛已經哭腫了的女兒，王太太心疼得很。事後，王太太把這件事和丈夫說了，他們都沉默了許久。他們太少顧慮到女兒的感受了，一直以來都認為她只是個孩子，只要給她很好的環境就可以，根本沒有關心過她的內心感受。

第二天早上，王先生與太太坐在女兒的床邊，和女兒說：「之前是爸爸媽媽不對，以後我們一定去接妳回家，多一些時候和妳玩，好不好？」小女孩閃著眼睛，問道：「真的？你們不會不要我了嗎？」王太太眼睛裡有晶瑩的淚花閃動：「我們怎麼會不要妳呢？妳是我們的寶貝啊！」

他們約定好不管有多忙，都至少有一個人去接女兒回家。女兒會把每天在幼稚園裡發生的事情說給他們聽，他們感受到了女兒的歡樂，也常常幫女兒解答老師提出的「難題」，第二天，女兒就會神采飛揚的訴說當她回答出老師昨天留下的問題，別的小朋友對她投以的羨慕眼光。

王先生與太太在與女兒一起玩耍的時候，感覺自己似乎回到了孩提時代。工作上的煩惱也一掃而空，每天上班時他們都精神飽滿。有時候他們會爭著去接女兒回家，急於與女兒分享她的歡樂時光。他們夫妻之間的感情也有了新的發展。王先生說，以前總覺得妻子不是一個很會照顧孩子的人，現在覺得她是一個很稱職的媽媽。王太太則說，發現和孩子玩起來之後，他更像個大孩子，而不是那個事業有成、工作幹練的商人。他們都在對方身上發現了新優點，家庭生活也變得其樂融融。

　　家庭是子女的第一課堂，一個快樂的家庭氛圍對孩子的成長十分重要。無論多忙，多留些時間給孩子，聽聽他們成長中的煩惱，你將會感受到孩子的天真純潔，家庭生活也會因此變得十分溫馨。

　　隨著生活節奏的加快，人們越來越多地把精力投入在工作與事業當中，他們認為只有有了很多的金錢才能擁有一個和諧幸福的家庭。他們在忙工作、忙事業的同時，對於子女的教育便有了些心有餘而力不足，感覺自己沒有那麼多的精力照顧孩子。請褓母照顧孩子，讓孩子參加很多培訓班，他們以為這樣做就能給孩子一個快樂的家，其實不然，孩子會覺得為什麼自己的父母那麼的忙？為什麼他們就沒有時間聽他們說說話、陪他們一起玩？

　　在週而復始的工作中，你可想到了自己的孩子，可否對自己的事業拿得起、放得下一點，多留些時間與他們分享。在與孩子一起嬉鬧的過程中，讓夫妻之間也產生一種全新的感覺，那是孩子帶給你們的歡樂。

退一步的收穫

　　結婚15年了，張明和太太的婚姻依舊和諧美好。他常和別人開玩笑說，他們在外面雖然挺風光的，在家裡卻要輪流做教育顧問。

　　張明的太太比他大兩歲，在學歷和事業上，她都從不肯輸給張明。張明讀完碩士，她就自修MBA；張明從商開了房地產公司，太太就跟幾千人競爭，當上了大型企業的外貿經理。他們是那種能力、志氣都旗鼓

相當的夫妻。

太太人雖然長得小巧玲瓏，卻有男人的果斷與豪氣。她去外貿部幾年，就幫公司簽下了幾十億的訂單，出國考察、談判一去就是幾個星期。張明的公司則養著數百人，也常常在外地買地皮競標，幾天不回家也是常事。他們的兒子常常說，要見到爸爸媽媽比考試拿第一名還難。

如果不是一件事情的突然發生，張明和太太的生活還將如此下去。前年夏天，太太去法國考察，張明則在外地談一個房地產專案，突然接到兒子老師的電話，她很生氣地質問張明，「為什麼你兒子幾天沒來上學了，也不跟學校請假。」張明當時愣住了，在電話裡居然無話可說，一個做父親的甚至不知道該怎麼向老師解釋兒子的下落。張明趕緊打電話回家，褓母在電話裡急得直哭，說孩子已經幾天沒回家了，她不敢告訴他們，張明當天就坐飛機趕回家。

後來，找到了兒子後才得知，兒子和一個網友蹺課去了一趟少林寺，說是要拜師學武。13歲的孩子啊！張明意識到，他和妻子不能再這樣無視兒子和這個家了。

妻子從法國回來，得知了兒子的事，又氣又急，再聽完張明歷數一家各奔東西的生活之後，妻子不禁在張明肩上哭了。他們在書房裡長談了一個晚上，最後決定為了兒子和家庭，都各退一步，輪流在家留守做兒子的教育顧問，輪換期限為三個月。

第一個三月輪到妻子在家。她向老闆推遲了所有的親自出差、出國

的任務，只在家裡做些日常的管理工作。從此她每天負責接送兒子上下學，監督他的學業，定期到學校與老師交流兒子的學習情況，幫他報名各種補習班，還帶兒子去練強身健體的跆拳道，免得兒子又突發其想去少林寺。週末一下子閒下來的妻子竟然又重拾了織毛衣的興趣，三個月給張明和兒子織了一套父子背心，看著他們穿上一模一樣只是大小不一的短背心，妻子笑得在沙發上捲成了一團。

　　第二個三月，輪到張明在家留守了，卻正好有個大專案在深圳動工，要他趕去，看著太太誠懇的眼神，張明知道她是希望他即使做虧一筆生意也要遵守夫妻間的共同諾言。張明拿得起也放得下，為遵守諾言最後決定讓副總去了，結果學材料學的他在深圳還幫公司買回了一批最先進的建材，讓建築成本大大減少。張明一邊在廚房切菜一邊接聽著副總的這個好消息，頓時有種十分愜意的感覺升騰起來，難道這就是退一步海闊天空的滋味？張明在家的三個月，正趕上兒子放暑假，他第一次這樣長久地和兒子待在一起：早上一起賴床，然後一起趿著拖鞋去早餐店吃豆漿油條，回家下棋，他輸了就幫兒子做一頁暑假作業，兒子輸了就要幫他下樓運種花的泥土上來，晚上他們一起做好綠豆冰糕等太太回來。那兩個月，他們父子談了好多話，張明也才知道13歲的兒子其實已經有了很多想法和困惑，最後他們一起去了他嚮往的青城山，並在那裡相約下一個三月。

或許是硬性規定的三個月教會了張明和太太如何享受生活，他們都很期盼屬於自己的三個月時間了，同時也感覺到他們的婚姻生活比之前輕鬆、快樂很多，更深深地感受到是兒子讓他們有了這樣的感覺，兒子成了他們婚姻生活真正的潤滑劑。

第3節 協調好家庭與事業的矛盾

現代人的一個高級苦惱就是事業與家庭的苦惱，它們幾乎包含了一個人的所有生存價值，成功與失敗。幸福與痛苦，也是由這兩大塊組成的。

我們的生活中有些人做事業，是因為家庭不好，就往事業裡逃跑；還有一些人是事業不順，就躲進婚姻裡去。可是只有事業好，不能造就生活的好；而只有家庭，沒有事業也不行。如果一個男人整天守著家，似乎是平庸的，相反，一個女人一味做太太，顯然有些自豪和高貴，但那又是充滿危險的，命運之路並不平坦。當然還有一個層面的男男女女，他們志存高遠，正在創造大業，沒有精力和時間顧及到家庭，做丈夫的不能令妻子滿意，做妻子的又使丈夫大為不快，於是，他們的生活一邊是風光，一邊是蒼茫又蒼茫。

事業與家庭，這是一對苦不堪言、魅力無窮的矛盾，也正是它們可以證明，現在哪些人在過好日子，哪些人卻在受著不能兩全的煎熬，只好選擇堅強。不過，事業與家庭這對矛盾並不是不可調和的，只要我們能夠做到拿的起，放得下，它們就只是一對歡喜冤家。在工作之餘戀家顧家，盡量做到一回家就馬上變成母親、妻子或丈夫、父親的角色，並

把它當成緊張工作後的一種放鬆。穿一身超舒服的衣服，抱兒子、帶女兒寫作業，跟他們聊天。你就會感恩家庭給你一個非常好的平衡，如果沒有這樣放鬆、幸福的家庭，工作壓力真會把你逼瘋。

協調好家庭與事業的矛盾很容易，就是既要在外做「白骨精」，又要在家做「狐狸精」。「白骨精」，指的是事業上的白領、骨幹加精英。他們擁有穩固的社會地位和豐厚的經濟收入，是不同領域裡面的成功者。不過繁重的公司事務，來自更高層的壓力，佔用了白骨精們對家庭傾注的時間和精力，影響夫妻感情及家庭關係，這是白骨精們面臨的最大危機。「狐狸精」，是指那些特別善於經營家庭和婚姻，能把丈夫或者妻子「制伏」得服服貼貼，並以此為傲的人。不過如果過分注重護膚和保養身材，大部分精力投入到各式各樣的為外表修飾的事業當中去，這樣不職業化的姿態，就很難得到上司賞識或同事的認可，你在公司最多是人們觀賞的對象，不會受重用，可想而知，你的職業前途將危機重重。

如何扮演好「狐狸精」與「白骨精」的角色，這就需要能夠拿得起、放得下，在家庭與事業當中找到一個很好的平衡點。

夫唱婦隨

俞渝單身時就是個很傳奇的「白骨精」似的人物。大學畢業後去了美國留學，自費修完了MBA課程。畢業後孤身向花旗銀行貸款，在紐約

創辦了自己的企業。

30歲的俞渝結識了到美國出差的李國慶，彼此覺得很投緣，相識僅三個月就在紐約登記結婚了。那時的李國慶在中國正開著一家公司，如果兩人各自追求自身發展的話，必將面臨遠隔重洋的痛苦。俞渝覺得有個溫馨家庭做為後盾，對女人來說是最好的安慰了。她毅然關閉了美國的公司，帶著事業和生活一起回到丈夫的懷中，回到了李國慶的科文公司。

不久夫妻倆的「當當」網上書店開始營運了。在公司裡，夫妻倆一向都很默契地各負其責：李國慶管市場、技術、採編和營運，俞渝則掌管財務和人力資源。而在生活上，他們又是一番什麼情景呢？

俞渝說李國慶是那種細心而又體貼的男人，有一次，他們在中關村的一家小飯館吃飯，俞渝只是隨口說想吃鹹鴨蛋，可是店裡沒有，李國慶就笑著求老闆娘說：「妳就幫個忙吧！」老闆娘看他一個大男人卻如此體貼遷就，就爽快地說：「好，我出去幫你們找一盤！」這樣的小事，生活中還有很多，比如，不論在外面應酬還是在家裡，他們一起吃飯的時候，李國慶總會幫她夾她喜歡吃的菜。俞渝說，丈夫這些年業務忙得無法分身，可是這個體貼的習慣卻一直保留了下來。

李國慶做管理喜歡事必躬親，每每看著丈夫疲憊的樣子，俞渝就很心疼，於是就想了個法子，她藉著出國的機會，從國際大公司的經驗裡整理了一份現代企業管理精髓資料，並把其中與丈夫平時作風不同的地

方標出來，貼在床頭，此後，丈夫的工作習慣果然改了不少，自己的負擔減輕了，公司管理也更有序了。李國慶已經習慣了由老婆來把關監督，他已經分不清這究竟是工作還是夫妻間的一種依賴了。

在資訊時代，工作的性別差異越來越淡化，現在俞渝是一個忙得滿世界飛的女人，每天早上6點30分起床，邊收看美國和東南亞的電視新聞，邊準備簡單的早餐。7點30分，為了讓丈夫多睡幾分鐘，自己搶著上網看一遍新書訊息，並做好紀錄放在丈夫的桌上，讓他一醒來就能看到。

然後，俞渝開始看公司的財務報表、查閱訂單、引進圖書版權、策劃圖書選題……俞渝說，因為常有電視臺邀請做嘉賓或者去世界各地與同行交流經驗，自己常常一年有三分之一的時間在飛機上度過，但她會用剩下的三分之二的時間經營好小家和「當當」這個大家。比如，李國慶過生日，不管再忙，俞渝都喜歡自己張羅，她認為這是別人不能替代的一項重要工作。

俞渝在職業上的理智、冷靜絲毫不遜於男人，但在家裡，她卻是個溫婉如江南女子般的人。俞渝是重慶人，有的是山妹子的漂亮，卻全無辣女人火暴焦躁的心性。她很懂得打扮自己，看上去有種幽蘭之氣，皮膚是那種精心保養過的細緻，看得出俞渝傲人的CEO身分背後，卻是很生活化的細膩女人。她說自己喜歡吃燒白，但又怕變胖，所以總克制著，平時她是很注重自己的身材的。

俞渝的職業和生活很特殊，是24小時都纏繞在一起的。夫妻兩人共同經營一個事業從無到有，事業上、生活中，都有他們真摯深厚的感情。雖然24小時要做老闆娘，不可能像很多女人一樣每晚回家做飯，把家庭照料得很細緻，但她和丈夫的交流和溝通卻是24小時都在進行的，這也是他們感情一直很好，家庭一直很美滿的原因。而維護一個美滿的家庭，除了給丈夫很多情感、生活細節上的關懷外，在事業上幫助他，做他的左右手更是至關重要的。只有他們心裡最清楚，對方在工作和生活上都是最出色、最優秀的，此生是彼此都不能缺少的了。

家庭與事業在本質上是不存在矛盾關係的，關鍵在於人們如何使兩者協調。面對家庭與事業的時候，我們要有拿得起、放得下的豁達，只有在家庭美滿幸福的基礎之上，事業方能綻放出絢麗光彩。一味的重視事業與家庭都不是明智之舉，只有在家庭與事業兩者之間達成平衡發展，生活才會和諧圓滿。

陳曉在大學畢業那年嫁給了丈夫。她放棄了在中國東北省報做財經記者的工作機會，直奔丈夫所在地——福建。她可以選擇當全職太太，但她覺得在工作中獲得充實和歷練的女人，會越來越美麗，對愛情保鮮至關重要。有一天適逢福建省電臺招募，從無播音經驗的她斗膽應聘，結果從眾多的應徵者中脫穎而出。

　　幾年下來，她成為當地最出名的記者。正當她的事業登峰造極的時候，她的先生博士畢業去了上海某投資銀行任職。有人勸她，放棄這麼輝煌的事業很可惜。但她認為，當婚姻和事業發生矛盾時，起決定作用的應該是愛情。因為事業可以從頭做起，而愛的人卻不能更改。她再一次毅然辭職隨先生到了上海。

　　初到上海，因為丈夫的工作剛剛起步，生活如果再一團糟肯定會影響事業和感情。她沒有急著找工作，而是在家打理家務，處理瑣事，使先生可以全心投入他的事業。等一切都走上正軌，她便到某電視臺去應徵了。她的果敢與成熟終於讓有線臺錄用了她，先做記者，後主持財經節目，直至做到財經頻道總監。

　　因為工作性質，她的時間常常在突發事件及電臺主管的控制之中，工作的內容也與先生的事業離得太遠，日子長了，共同語言也少了，相聚時間更少。於是她開始考慮重新選擇一份既適合自己，又與先生的工作有交流，還要有一些時間可以自由支配的工作，那樣才能將婚姻和事業聯繫在一起，相互依存彼此滋養。

　　她辭去上海有線電視臺財經頻道總監職務，轉行投資實業。上有董事長宏觀把握，下有一幫精兵強將聽她的調配，她這個當頭的做得風生水起。更有利的是，在家裡她有先生做顧問，當她向個一個小學生請教先生時，他得意洋洋，哪怕是她睡在床上偶爾不想起床，他都會幫她做好早餐，叮囑她今天的投資行情要注意什麼，這樣的家庭生活真的很令

人快樂。

　　不少做事業的女人，像個馬達一樣勇往直前，卻忘了身後還有家庭和丈夫。陳曉告誡自己，做事業時把自己當女人看，做家務時把自己當職業女性看，這樣就能在事業和婚姻之間找到平衡點。女人的魅力就在於婚姻和事業都要擁有，這樣的狀態才是最好的。為了追隨丈夫，為了有一個美滿和諧的家庭，陳曉擁有拿得起、放得下的氣魄，她在不同城市不斷開始新職業，事業、婚姻都成功。她的經驗是：「做生意，永遠不要和成功人士比，攀比讓人陷入忙亂，哪會有心情照顧先生和孩子呢？婚姻也是這樣，不比人家的先生有多好，只問自己的事業對家庭、婚姻好不好，是否令內心真正愉悅！」

　　其實，生活中白骨精不多，狐狸精也非遍地都是，我們大多數人則居於「島中央」。之所以提出這個觀點，實在是感嘆於事業與家庭這對活寶的矛盾日益尖銳，而協調二者的關係必須得拿得起、放得下進行一下換位思考。比如給白骨精上點狐狸精的色彩，讓狐狸精添點白骨精的精神；做事業時把自己當女人看，做家務時把自己當職業女性看。

　　因為無論是太偏重於事業還是偏重於家庭，都是嚴重的「偏科」，就像我們上學時要學數學和英文，本來應該全面發展的，可是偏偏有人好此惡彼。本來事業、家庭並舉我們才可以幸福、快樂，可是有的人就是顧此失彼。白骨精與狐狸精就是「偏科」的極端表現，以致於生活難

以輕鬆、快樂。

我們每個人都應在有生之年，畫一個生命的同心圓。家是圓心，事業是半徑。只有圓心穩定，半徑越長你的人生圓就越大。沒有事業的半徑，你的圓永遠只是一個點；有足夠長的事業半徑卻沒有家庭的圓心，你的生命圓就無法成型。

當然，人的幸福與快樂，並不取決於你畫的這個圓是大是小，而關鍵在於它是否完整、圓滿。由此可見，無論是白骨精還是狐狸精，他們的生命圓都是不完整的、殘缺的，而兼顧兩者才是我們通向圓滿的唯一途徑。

有言道：「如果你不知道你的方向，你永遠也不可能到達。」「在外做白骨精，回家做狐狸精」，就是為我們提供了一個努力的方向。人生是一個圓，更是一個循環系統，就像自然界需要保持生態平衡一樣。我們只有拿得起、放得下，協調好家庭與事業這對「大關係」，才能有效保證眾多「小關係」的和諧發展。

第4節 合則聚，不合則散

有句老話：「一日夫妻百日恩。」很多人在婚姻亮起紅燈的時候，就拿這句話來安慰自己。其實這樣沒什麼不好，不過，在安慰自己的同時，一定要把事情想清楚。有的時候婚姻亮起紅燈也是一個很好的警訊，我們要拿得起、放得下，合則聚，不合則散，不要讓自己陷入沒完沒了的情感漩渦中。

凡事不能委曲求全，如果兩人的婚姻真的走到無法挽回的地步，即使繼續同在一個屋簷下生活，也早已沒有了愛情的感覺，這樣又何必？

李莉是個喜歡黏在丈夫身邊寸步不離的女人，只要兩人稍有距離，她的電話和簡訊就立即跟蹤追擊：「你在哪呢？」、「你現在在幹嘛呢？」

李莉的老公許強曾無數次地告誡她，「我是成年人，知道回家的路，也知道自己該做什麼、不該做什麼。」李莉聽聞此言總是一肚子委屈，「我這是關心你嘛！」

時間一長，許強感覺有種說不出的壓迫感。和李莉在一起後，他幾

乎和所有的朋友斷了聯繫，下班就回家，兩個人大門不出，無聊地看電視、翻報紙，過著老年人的生活，乏味得毫無情趣可言。只要許強在身邊，李莉就有一種莫名的安全與滿足，如果他不在身邊，李莉就有種難以忍受的孤獨感。於是，兩人開始為了些雞毛蒜皮的小事而不斷爭吵，比如許強把內衣和外衣一起扔進洗衣機，李莉就大呼小叫地數落他不講衛生；許強打算請朋友吃飯，李莉就反對，「我看你那個朋友不太可靠，不能去……」每次吵鬧後，性情內向的許強壓抑著怒火借酒澆愁，而李莉就用深刻的大道理教導個沒完沒了，這更令許強對她厭煩透頂。

有一天，李莉在偷看許強的手機時發現了一則簡訊，明顯是一個女人傳來的，上寫：「我知道你不開心，我理解你。」李莉看後突然血往上湧，氣得渾身發抖，隨即把這個電話號碼打了過去，說：「妳是誰呀，我是許強的老婆，他心情好得很！」

終於有一天，許強提出了離婚，這個決定給了李莉當頭一棒。許強告訴李莉，發簡訊的就是他要找的女人。李莉在被「拋棄」的日子裡仍想不通，「我對他那麼好，他怎麼會有外遇？」但許強早早地搬了家並拒絕和李莉聯繫，這讓不甘心的李莉更加痛恨他的絕情。在離婚議書上簽字的那一天，李莉流著眼淚問許強：「這是為什麼？我到底錯在哪兒了？」許強面無表情地告訴她：「男人要的是女人，而不是媽！」

一個人的容忍是有限的，許強對李莉一再容忍，最終還是到了忍無

可忍的地步。手機簡訊只不過是一個導火線，把他們之間的矛盾徹底點燃了。其實，夫妻之間應該多溝通，李莉多少有些孩子氣，如果許強能找到合適的時機，把李莉對自己的過分依戀，給他帶來的壓力跟她說明白，或許結局就會有所不同。

　　經過這件事之後，不知道李莉能否有所領悟。其實，女人對男人的依戀並不是件壞事，不過，總得有個限度，超過了這個限度，過分的依戀就會變成一種無形的壓力。李莉如果能夠拿得起、放得下，懂得「合則聚，不合則散」的道理，意識到自己的不足之處，在以後的人生旅途中，還是會遇到心儀的男人。

　　愛情必須時時更新、創造。這種更新與創造不僅僅指外在的打扮，更重要的還包括內心。很多女人抱怨自己的男人，結婚後不如結婚前那麼遵守承諾了，甚至感覺男人對自己的興趣越來越淡漠。其實，這只是外表，男人內心裡是很愛妳的，不能因此妳就抱怨自己的男人。

　　男人通常都很沉默，不像女人那麼喜歡訴說，尤其在男人很疲勞的時候，女人應該知道細心的體恤。男人與女人不光生理上有區別，就是思維上也有很大的差別，男人不拘小節，女人就特別注意細微之處。男人進商場購物提前計畫好了，買了物品不肯多滯留一分鐘。女人則不同，買不買物品是一回事，主要是情趣，女人喜歡逛商場，甚至捨得花大量的時間，男人卻覺得是一種浪費。

　　男人與女人對待生活的態度也不相同，男人自以為直奔大目標，心

中勾畫宏偉的藍圖，默默地去實現，在沒有看到成功之前就不跟女人說。女人則沉溺浪漫，喜形於色，保持幾分天真，擅長幻想未來，與自己的男人談起來滔滔不絕，在這種情況下，男人可能說女人天真，免不了要說幾句冷言冷語。這也是男人不真實的一面，女人千萬注意不能因此改變自己，男人喜歡的就是女人的天真，不天真的女人男人不愛。男人在他人面前不肯讚美自己的女人，女人卻善於在同性中炫耀自己的丈夫，在別人的讚美中得到一種滿足。女人期望別人的讚美，尤其是自己丈夫的讚美，男人愛在心裡，恰恰不善於言表。

婚外情早已不是什麼新鮮話題了，在物慾橫流的時代之下，有些人在追求一種婚姻之外的新鮮與刺激。婚外情，顧名思義，就是發生在婚姻之外的戀情。不論是丈夫還是妻子出現這種情況，都會對婚姻中的另一方隱瞞，也許是出於不想傷害的原因，也許是出於只是一時的激情，也許是出於顧慮顏面的考量。反正就是瞞著，瞞著又有什麼不好，說明此人還是很在乎另一半的，也就說明事情還是存有轉機。

婚外情出現的最糟糕的狀況莫過於大家都撕破了臉，不聞不問。切不可曲解了這句「合則聚，不合則散」，如果有一方大吵大鬧甚至告知另一方的親戚、朋友，誰都在乎面子，你把他（她）的面子都丟光了，他（她）當然也就沒有好顧慮的，就真的會在這句「合則聚，不合則散」的指導之下，速戰速決，一紙離婚協議書就擺在你的面前。

聰明的情敵

　　肖梅有一天與朋友在麥當勞一邊喝著飲料一邊聊著天，朋友十分羨慕她，她與丈夫是大家眼中的模範夫妻。肖梅自是高興，把頭轉向窗外，在想她的丈夫現在是否還在忙著工作。

　　這時一個十分熟悉的身影進入肖梅的眼簾。怎麼可能，絕對不可能。雖然只是一個背影，不過肖梅還是認出了那就是自己的丈夫。他摟著別的女人一起走進了電影院。肖梅當時怒火中燒，她也想過跟進去，直接給那個女人兩個耳光。可是她又是個很愛面子的人，在朋友面前盡量不露痕跡，藉口自己有事，早早回家。

　　肖梅一再讓自己冷靜下來，她十分確定自己愛丈夫，而且也確定丈夫也愛她。她決定先去丈夫的公司打探虛實。走進去之後，她憑藉女人直覺很快地將這件事確定了下來，自己丈夫居然與公司裡的會計有了感情。肖梅直接與會計當面接觸，邀她出來與自己一起喝茶、聊天。會計不是當地人，隻身來到這裡謀職，而且工作得也不錯。肖梅就問她有沒有男朋友，她說還沒有。肖梅在與會計的交談過程中隻字未提自己的丈夫，會計則能感受到肖梅對自己的大度與寬容，最後會計自動辭職。直到後來，肖梅都沒有和丈夫說過自己知道這件事。

　　這是一個關於婚外情的故事，肖梅卻有拿得起、放得下的胸懷，靠著自己的智慧從容化解。

國家圖書館出版品預行編目資料

放下這門學問，老師沒有教／王光宇編著
－－第一版－－ 台北市：知青頻道出版；
紅螞蟻圖書發行，2009.04
面　　公分
ISBN 978-986-6643-69-9 (平裝)

1.修身　2.生活指導
192.1　　　　　　　　　　　　98004132

放下這門學問，老師沒有教

編　　著／王光宇
美術構成／林美琪
校　　對／周英嬌、楊安妮
發 行 人／賴秀珍
榮譽總監／張錦基
總 編 輯／何南輝
出　　版／知青頻道出版有限公司
發　　行／紅螞蟻圖書有限公司
地　　址／台北市內湖區舊宗路二段121巷28號4F
網　　站／www.e-redant.com
郵撥帳號／1604621-1　紅螞蟻圖書有限公司
電　　話／(02)2795-3656（代表號）
傳　　眞／(02)2795-4100
登 記 證／局版北市業字第796號
數位閱聽／www.onlinebook.com
港澳總經銷／和平圖書有限公司
地　　址／香港柴灣嘉業街12號百樂門大廈17F
電　　話／(852)2804-6687
新馬總經銷／諾文文化事業私人有限公司
新 加 坡／TEL:(65)6462-6141　FAX:(65)6469-4043
馬來西亞／TEL:(603)9179-6333　FAX:(603)9179-6060
法律顧問／許晏賓律師
印 刷 廠／鴻運彩色印刷有限公司
出版日期／2009年 4 月　第一版第一刷

定價 230 元　港幣 77 元

ISBN 978-986-6643-69-9　　　　　Printed in Taiwan

　　現代都市的人情冷暖，有時讓人心痛，但是，我們除了譴責男人遇之外，是不是要進行一下反思，我們對愛究竟瞭解多少？愛過多少？付出過多少？是不是跟上了時代潮流？是不是時時在更新和創造？

　　恆久地忍耐，不愛嫉妒，溫柔體貼。善於交流，把愛昇華，保持愛的情韻，猶如一支蠟燭奉獻你的光和熱，那麼你的家庭就不可能出現外遇。如果你們的情感生活真的出現裂痕，那麼試著去調節，實在不行，一定要拿得起、放得下，明白合則聚，不合則散的道理。